Heimatlos

Wir ohne Heimat irren so verloren
und sinnlos durch der Fremde Labyrinth.
Die Eingebornen plaudern vor den Toren
vertraut im abendlichen Sommerwind.
Er macht den Fenstervorhang flüchtig wehen
und läßt uns in die lang entbehrte Ruh
des sichren Friedens einer Stube sehen
und schließt sie vor uns grausam wieder zu.
Die herrenlosen Katzen in den Gassen,
die Bettler, nächtigend im nassen Gras,
sind nicht so ausgestoßen und verlassen
wie jeder, der ein Heimatglück besaß
und hat es ohne seine Schuld verloren
und irrt jetzt durch der Fremde Labyrinth.
Die Eingebornen träumen vor den Toren
und wissen nicht, daß wir ihr Schatten sind.

Max Hermann-Neisse (1886–1941)

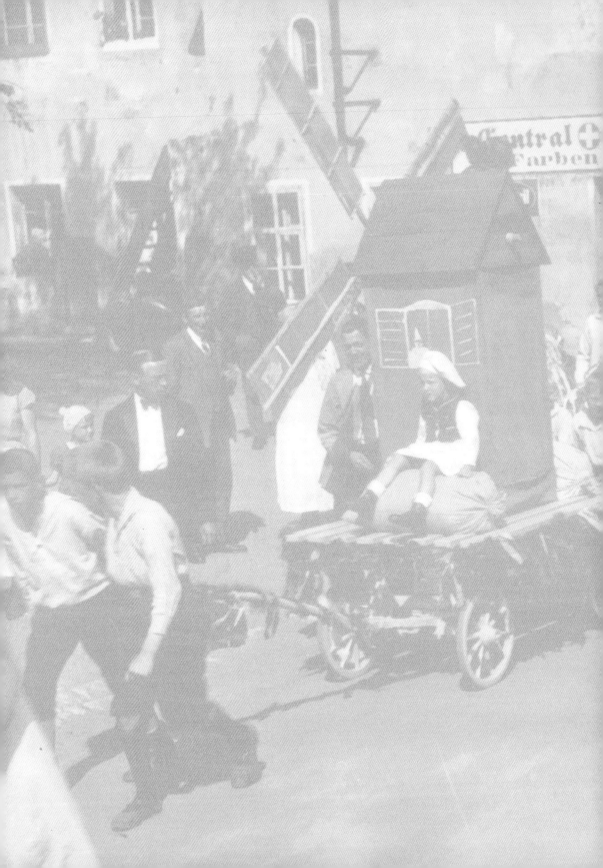

Harald Saul

Alte Familienrezepte aus Schlesien

Bassermann

Titelabbildung: Breslau: Sandkirche und Landungsplatz um 1900
Abbildung der Titelei: Kinderfest in Altreichenau, 1935

ISBN: 978-3-8094-3152-7

1. Auflage
© 2014 by Bassermann Verlag, einem Unternehmen der Verlagsgruppe Random House GmbH, 81673 München

© der Originalausgabe 2008 by Buchverlag für die Frau GmbH, Leipzig;
Originaltitel: Noch mehr Familienrezepte aus Schlesien

Die Verwertung der Texte und Bilder, auch auszugsweise, ist ohne Zustimmung des Verlags urheberrechtswidrig und strafbar. Dies gilt auch für die Verarbeitung mit elektronischen Systemen.

Umschlaggestaltung: Atelier Versen, Bad Aibling
Gesamtgestaltung: Michael Puschendorf
Bildnachweise: siehe Seite 112
Redaktion dieser Ausgabe: Birte Schrader

Die Ratschläge in diesem Buch sind von den Autoren und vom Verlag sorgfältig erwogen und geprüft, dennoch kann eine Garantie nicht übernommen werden. Eine Haftung der Autoren bzw. des Verlags und seiner Beauftragten für Personen-, Sach- und Vermögensschäden ist ausgeschlossen.

Satz dieser Ausgabe: Nadine Thiel, kreativsatz, Baldham
Druck und Verarbeitung: Těšínská tiskárna, Cesky Tesin

Printed in the Czech Republic

Verlagsgruppe Random House FSC® N001967
Das für dieses Buch verwendete FSC®-zertifizierte Papier *Profimatt* wurde produziert von Sappi Ehingen.

Inhalt

Vorwort	6
Ein Sommer in Schlesien – Erinnerungen von Gerda Schneider aus Hoyerswerda	8
Zwei schlesische Schicksale – Rosi und Gotthard Schmidt aus Kaiserswaldau und Altreichenau	15
Der Ebereschen-Koch aus Bad Warmbrunn: Eduard Bacher	25
Schankwirtrezepte der Familie Kohler aus Kynau, um 1900	33
Hausrezepte von Selma Groß aus Frankenstein	40
Ein Schicksal in der Grafschaft Glatz – die Familie Dinter	45
Bäckermeister August Frieben aus Gellenau	54
Die Geschichte von Martha Krebs aus Ludwigsdorf (Kreis Glatz)	68
Otto Exner – der Koch aus Habelschwerdt	73
Damals in Jägerndorf – Manfred Krug erinnert sich an Schlesien	80
Erinnerungen an Ratibor von Imelda Machowska	87
Die Hauswirtschaftslehrerin Emma Franke aus Gleiwitz	91
Der „Schlesier" – Küchenchef Heinrich Triebig aus Breslau	97
Die Kreischauer Familienküche	103
Rezeptverzeichnis	111

Vorwort

Die Erstauflage meiner Familienrezepte aus Schlesien erschien 2003, das Buch erlebte mehrere Nachauflagen. Seitdem erreichten mich unzählige Briefe und Telefonate, in denen mir ältere Menschen ihr Lebensschicksal schilderten, ihre Familiengeschichten erzählten und mir weitere Rezepte der traditionellen schlesischen Küche zur Verfügung stellten.

Dieses umfangreiche Material bietet mir die Möglichkeit, erneut einen besonderen Teil des schlesischen Lebensalltages zwischen 1900 bis 1945 zu dokumentieren. Dank der Offenheit und des Vertrauens vieler Menschen, mit denen ich sprechen konnte, geht dieser Teil schlesischer Lebens- und Alltagsgeschichte nicht verloren, sondern kann hier in Form von persönlichen Schicksalen und Erinnerungen festgehalten werden.

Die erstaunlich lebendigen Kindheitserinnerungen sind vielfach geprägt von Leid, ausgelöst durch die Geschehnisse des Zweiten Weltkrieges und die darauf folgende Vertreibung aus der Heimat. Viele der heute hochbetagten Interviewpartner erinnern sich an die Begebenheiten und Orte ihrer Kindheit oder Jugendzeit in lebhaften, aber auch schmerzvollen Bildern und Eindrücken.

Wie schon in dem ersten Schlesienband wollen wir auf den Spuren der Erinnerung eine kleine „Rundreise" unternehmen. Die Reise beginnt in Hoyerswerda mit der kleinen Gerda …

Vielleicht kann die vorliegende Zusammenstellung von Familiengeschichten und Hausrezepten ein Beitrag sein, daß die persönlichen Erinnerungen an die einstige Heimat Schlesien nicht verloren gehen, die Traditionen einer Region auch an die kommenden Generationen weitergegeben werden.

Gera, im August 2008

—✦ Gerda Schneider, 1939 ✦—

Ein Sommer in Schlesien – Erinnerungen von Gerda Schneider aus Hoyerswerda

Meine dritten Sommerferien stehen kurz bevor – endlich ist es soweit, nur noch heute gehe ich in die Schule. Seit Ostern 1927 bin ich Schülerin der Mädchenschule in Hoyerswerda. Sie besteht aus acht Klassen. Der Schulalltag ist ganz schön anstrengend für mich, Anna Ernestine Gerda Schützel. Über eine halbe Stunde führt mich von Montag bis Sonnabend der Fußweg vom ländlichen Klein Neida, einem Vorort von Hoyerswerda, in meine Schule. Dabei muß ich sogar die Bahnschienen überqueren. Meine Schule befindet sich in der Nähe des großen Postamtes.

„Ich komme ja schon, Muttel!" Muttel nenne ich liebevoll meine Mutti, die mir gerade mein Frühstück zubereitet hat. Oh, ein Eierplins mit … – nein – ohne

Blaubeeren! Es wird Zeit, daß ich mit Vatel wieder in den Wald gehe zum Blaubeerenpflücken. Aber der Eierplins schmeckt köstlich, Muttel bäckt ihn fast jeden Morgen für mich. Nun bin ich bereit fürs Lernen. Schnell noch die in Butterbrotpapier gewickelten Schnitten eingepackt und los geht es. Im Anbau unseres Wohnhauses Waldstraße Nummer 11 befindet sich eine Glasschleiferei, in der schon tüchtig gearbeitet wird. Ansonsten ist es ein ruhiger Morgen, die Vögel zwitschern und der Dorfbach plätschert munter drauflos.

Es ist 9.45 Uhr und die große Pause lädt zum Essen ein. Ich packe meine Schnittchen aus. Muttel gibt mir immer ein paar Groschen mit, davon kaufe ich mir jetzt für zehn Pfennige eine Flasche Kakaomilch. Eine Molkerei aus der Stadt liefert sie täglich frisch an unsere Schule. Kakaomilch schmeckt mir viel besser als Vollmilch, die es für zwei Pfennige weniger gibt.

Die nächsten Schulstunden vergehen schnell. Mein Heimweg führt mich bei meiner Oma Anna vorbei. Sie wohnt in der Bahnhofstraße. Oma kocht jeden Tag für mich Mittagessen. Ich erzähle ihr dann noch schnell, was es Neues in der Schule gab und verabschiede mich mit vielen Grüßen für Opa Gustav, der fleißig in der Tischlerei arbeitet. Heute muß ich mich nämlich etwas beeilen, weil ich für Muttel einkaufen gehen soll. Übrigens haben wir, als ich noch klein war, auch mal hier in der Bahnhofstraße gewohnt. Vor den Toren von Hoyerswerda gefällt es mir aber viel besser. Vatel hat uns die Wohnung besorgt. Hausbesitzer Weiß vertreibt Automaten, die Vatel ab und zu repariert und so kamen wir im vorigen Jahr nach Klein Neida.

Mal gucken, wenn ich richtig rechne, was ich schon ganz gut kann, bleiben zwanzig Pfennige für mich übrig und dafür kaufe ich mir bei „Gemüse-Peter" zwei Bananen. In unserer Waldstraße liegt ein Bauerngehöft. Dort gibt es eigentlich alles, was Muttel so braucht, wenn sie für uns kochen will. Das große Tor ist wie immer gut verschlossen, aber das stört mich nicht. Ich kenne eine geheime Tür, die mich hintenherum auf den Hof führt. Bienenhonig, Butter und Eier kaufe ich heute ein – und das Geld reicht, bloß gut.

Kurz vor sieben am neuen Morgen weckt mich Vatel aus dem Schlaf. Weiß er denn nicht, daß ich Ferien habe? „Komm Kleene, wir gehen in den Wald!" Endlich! Ich liebe den Wald, der gleich hinter unserem Haus beginnt. Er ist hügelig, ein wenig geheimnisvoll und es gibt so viel zu entdecken und zu sammeln.

Vatel kam gerade von der Nachtschicht. Er arbeitet auf Grube Erika der ILSE-BERGBAU-AG in Laubusch als Schlosser. Dort repariert er Lokomotiven und riesige Förderbrücken, während er sehr weit oben angeseilt ist. Wir waren Vatel mal auf Arbeit besuchen und mir wurde ganz schwindelig, als ich ihn dort oben sah.

Frauendorf, Haus der Großeltern, um 1907

Frauendorf, historische Ansichtskarte

„Schau mal, es gibt schon Pilze!" Die ersten Pfifferlinge und Birkenpilze, da wird Muttel staunen. Vielleicht kocht sie uns am Wochenende etwas Schönes damit. Am liebsten esse ich die Pilze mit Rührei, brauner Butter und viel Petersilie.

Im Spätsommer sammeln wir wie jedes Jahr Blaubeeren und Preiselbeeren, die weckt Muttel ein. Ich habe dann auch wieder etwas für meine morgendlichen Eierplinsen. Auf dem Heimweg zähle ich die Tage, die noch vergehen müssen, bis Muttel und ich auf große Reise gehen – auf große Reise nach Neualtmannsdorf zu Urgroßvater August. Einmal jährlich, im Sommer, besuchen wir ihn für eine Woche. Das werden wunderbare Ferien.

Hoyerswerda am Bahnhof: Von weitem höre ich bereits das Schnaufen der Lokomotive – und schon sitzen wir im Zugabteil. Über 300 Kilometer liegen vor uns, der Zug rast durch Täler und vorbei an großen Städten wie Bunzlau, Liegnitz, Schweidnitz und Frankenstein. Urgroßvater August erwartet uns, seine Enkelin und seine Urenkelin, sehnsüchtig. Er hat vom Gutsbesitzer ein paar freie Tage bekommen, damit er die Zeit mit uns verbringen kann. Urgroßvater August lebt allein in seinem Haus und arbeitet auf dem Gut als Knecht. Sein Lohn wird ihm teilweise in Lebensmitteln ausgezahlt. Urgroßvater geht mit uns viel spazieren. Wir besuchen die katholische Kirche, wo er 1876 heiratete. Manchmal machen wir Ausflüge in die Umgebung von Münsterberg/i. S. Es gibt dort große Felder mit rot blühenden Mohnblumen.

An einem Abend erzählt er Muttel und mir die gruselige Geschichte vom Massenmörder „Papa Denke" (Karl Denke aus Oberkunzendorf bei Münsterberg brachte über 30 Menschen um und aß sie z.T. auf), der die ganze Umgebung von Neualtmannsdorf in Angst und Schrecken versetzte. Er erzählt von seiner Frau Theresia, meiner Urgroßmutter, die schon lan-

Gerda (vorn links) als Blumenmädchen auf einer Hochzeit, 1931

ge nicht mehr lebt. Sie starb mit 37 Jahren. Dann berichtet er von seinem Sohn Gustav, der als Tischler auf Wanderschaft ging und zur Tischlerei Nicolai nach Hoyerswerda kam. Dort lernte er schließlich meine Oma Anna kennen.

Zu schnell vergeht die Zeit in diesem Sommer, zu schnell sind wir wieder in Neida. Noch eine kleine Reise versüßt mir meine Sommerferien. Sogar Vatel kommt mit. Viel Urlaub hat er nicht, aber die sechs Tage im Jahr werden ihm bezahlt. In seiner freien Zeit geht er außerdem gern kegeln im Verein „Rollendes Glück".

Aber nun ist er mit uns unterwegs und zwar zu Großmutter Ernestine nach Frauendorf bei Ruhland im westlichen Zipfel von Niederschlesien. Das ist nicht weit von uns aus, deshalb kann ich meine Großmutter auch öfter besuchen. Meinen Großvater Karl habe ich nur als kleines Mädel kennengelernt. Vor fünf Jahren, 1925, kam er auf dem Weg zu seiner Arbeit bei einem Unfall ums Leben. Er war in Lauchhammer als Eisendreher tätig. An einem Bahnübergang wurde er vom Zug überfahren. Seither ist Großmutter Ernestine allein. Sie freut sich immer sehr, wenn ich

Vatel (hinten), Großmutter Ernestine (2.v.l.), Großvater Karl (2.v.r.), 1910

sie besuchen komme und ihr von meinen Erlebnissen erzähle. „Großmutter, stell dir vor, in Neualtmannsdorf waren Zigeuner, die haben viele Hühner mitgenommen und ich hatte ganz schön Angst, als in der Nacht das Kätzchen von Urgroßvater August ans Fenster klopfte."

Jetzt bin ich 87 Jahre alt, lebe nicht mehr in Schlesien, sondern in Brandenburg, in Senftenberg/Niederlausitz. In meinem Zimmer hängt ein Gemälde mit rot leuchtenden Mohnblumen – eine Erinnerung an die damalige Zeit.

Meine Gedanken wandern oft in die Vergangenheit zurück, zu meinem Ehemann, der aus Ratibor in Oberschlesien stammte. Ich lernte ihn in Görlitz während meiner Ausbildung zur Bücherrevisorin bei der Firma LIVA – TERRAZZO-

und Zementwarenfabrik kennen. Er war damals mit seinem 30. Infanterieregiment in der Stadt stationiert.

Ich sehe die dunklen Tage, die über Deutschland hereinbrachen. Der Bombenhagel, der über Görlitz niederging, zwang mich zurück nach Hoyerswerda, wo ich dann beim Amt für Volksgesundheit arbeitete. 1940 heiratete ich in Klein Neida meinen Max. Er verbrachte hier seinen Fronturlaub. Ich sah ihn erst 1949 wieder, als er aus Kiew kam – aus der Gefangenschaft. Vatel starb in der Nachkriegszeit 1947 im sowjetischen Internierungslager in Buchenwald. Muttel starb 1964, ohne je erfahren zu haben, was mit ihrem Mann Reinhold passierte. Sein Schicksal konnte ich erst nach der Wende aufklären lassen. Viel Trauer, aber auch viele glückliche Momente begleiten mein Leben.

HOLUNDERSUPPE MIT KARTOFFELSTAMPF

Suppe: 375 g Holunderbeeren • 1 l Wasser • Schale und Saft von ½ Zitrone
10 Nelken • 1 Zimtstange • 100 g Rosinen • 30 g Stärkemehl
75 g Zucker • 1 EL Butter • Hultsch-Zwieback (heute Neukircher Zwieback)

Stampf: 1 ½ kg Kartoffeln • ¼ l Milch • 2 EL Butter

☛ Die gewaschenen schwarzen Holunderbeeren mit einer Gabel von den Stielen abstreifen und zerdrücken. Zusammen mit knapp 1 l Wasser und der Zitronenschale, den Nelken, der Zimtstange und den Rosinen 20 Minuten kochen. Den Saft abgießen, wieder zum Kochen bringen und mit dem im restlichen Wasser kalt angerührten Stärkemehl binden. Nun mit Zitronensaft und Zucker abschmecken.
Nebenbei den Zwieback in kleine Stücke brechen und in der Butter braten.
Für den Kartoffelbrei Salzkartoffeln bereiten, abgießen, stampfen. Einen Eßlöffel Butter zugeben. Die heiße Milch zugießen und nochmals stampfen.
Von der restlichen Butter braune Butter bereiten und über den zusammen mit der Holundersuppe angerichteten Stampf geben und geröstete Zwiebackwürfel darüberstreuen.

Tip: Aus den getrockneten Blüten des Holunderstrauches bereite ich immer köstlichen Tee, der hervorragend bei Erkältung hilft.

Gerda als Blumenkind, 1928   Gerda, 1937

HAFERFLOCKEN-BEEREN-AUFLAUF

150 g Haferflocken • ½ l Milch • etwas Salz • 30 g Zucker
abgeriebene Schale einer halben Zitrone • 3 Eigelb

Guss: 3 Eiweiß • 150 g Zucker
375 g Blaubeeren (Preisel- oder auch Stachelbeeren)

☛ Die Haferflocken mit der kochenden Milch übergießen und zugedeckt 2 Stunden stehen lassen. Dann mit Salz, Zucker und der geriebenen Zitronenschale würzen, die Eigelb daruntermengen und in eine gefettete feuerfeste Form füllen. Im Ofen 10 Minuten vorbacken.
Inzwischen die Eiweiß zu steifem Schnee schlagen, den Zucker und die gewaschenen, entstielten Beeren daruntermischen und über den vorgebackenen Auflauf verteilen, der noch ½ Stunde bei mäßiger Hitze backen muß.

Rosi Röthig und ihre acht Geschwister, 1937

Zwei schlesische Schicksale – Rosi und Gotthard Schmidt aus Kaiserswaldau und Altreichenau

Die beiden nachfolgenden Geschichten haben mir Rosi (geb. Röthig) und Gotthard Schmidt aus Dresden erzählt. Das Ehepaar kenne ich schon seit vielen Jahren und wir begegnen uns immer wieder auf Familienfesten.

Rosi und Gotthard Schmidt sind zwei echte, ja bekennende Schlesier, ihre Erzählungen und ihre persönlichen Erfahrungen sind sehr anschaulich und einprägsam. Aus ihren Geschichten entsteht ein lebendiges Bild Schlesiens um 1940. Gern erzählen beide aus ihrer Kindheit. Beim spontanen Erzählen fallen ihnen immer wieder neue Episoden ein.

Die Familie Röthig aus Kaiserswaldau

Meine Gesprächspartnerin Rosi Röthig wurde am 12. Juli 1934 in Kaiserswaldau (heute das polnische Okmiany) im Kreis Goldberg in Niederschlesien als neuntes Kind der Familie Röthig geboren. Die Eltern betrieben eine Fleischerei, einen Viehhandel und zudem noch eine kleine Landwirtschaft.

Zum Ende des Zweiten Weltkrieges lebten noch fünf Kinder in der Familie, vier der Geschwister hatten bereits eigene Familien begründet und lebten nicht mehr in Kaiserswaldau.

Rosi mit Geschwistern auf dem Hof der Fleischerei Röthig, Kaiserwaldau ca. 1938

Im Januar 1945 flüchtete die Familie zusammen mit anderen Dorfbewohnern in einem Kutschwagen und einem Fleischerplanwagen vor der herannahenden Kriegsfront.

In der Kohlfurter Heide bei Görlitz löste sich die Familie Röthig vom Treck und fuhr wieder ins Heimatdorf zurück. Durch diese Entscheidung hoffte die Familie, von den Auswirkungen des Krieges verschont zu bleiben. Da die Front allerdings wieder näher an Kaiserswaldau heranrückte, flüchtete die Familie Röthig erneut und erreichte Einsiedel bei Sebnitz in Sachsen. Hier ließ sich die Familie vorerst nieder. Sebnitz ist bis heute als Stadt der Kunstblumen bekannt, hier arbeiteten die älteren Geschwister in einem Betrieb namens „Deutsche Kunstblume", um die Familie über Wasser zu halten.

Oskar und Frieda Röthig

Kurz nach dem Ende des Zweiten Weltkrieges kehrte die Familie im Frühsommer 1945 unter schwierigsten Umständen wieder nach Kaiserswaldau zurück. Der familieneigene Schlachtbetrieb wurde wieder aufgenommen. Allerdings stand die Versorgung der Roten Armee im Vordergrund. Die Familie Röthig konnte nur mit größter Umsicht einen Anteil für die eigene Ernährung beiseite schaffen und auch benachbarte Familien mit etwas Fleisch versorgen. Im Spätsommer 1945 wurde der Hof der Familie Röthig einer polnischen Familie übereignet und sie selbst lebten auf engstem Raum im vormals eigenen Haus. Noch im Herbst 1945 starb Rosi Röthigs Vater, Oskar Röthig. Er wurde in Kaiserswaldau beerdigt.

Im Sommer 1946 flüchtete die Familie erneut, wobei ihnen der neu ernannte Hofbesitzer Stacho half und sie bis nach Kreibau (heute polnisch Krzywa) fuhr. Mit dem Handwagen liefen sie entlang der Autobahn nach Liegnitz (heute polnisch Legnica), denn hier lebte Inge, eines der Kinder, und nahm die Familie kurze Zeit auf. Da Inge in einem Krankenhaus arbeitete, hatte sie Gelegenheit, die Weiterfahrt der Familie nach Sachsen in einem Krankentransportzug zu organisieren. Nach einem Aufenthalt in einem Quarantänelager im Warmbad Wolkenstein wurde der Familie ein Zimmer im sächsischen Frankenberg zugewiesen. Auf engstem Raum lebten hier sieben Personen: die Mutter, drei Mädchen, zwei Jungen und das Enkelkind Uli, der einjährige Sohn der Schwester Helga.

Es herrschte überall große Not, die Lebensmittelzuteilungen reichten nicht aus, viele Menschen hungerten.

Inge, die weiterhin im Krankenhaus Liegnitz arbeitete, half der Familie, indem sie Lebensmittelpakete schickte und damit die größte Not milderte. Nach einer Übergangszeit konnte Familie Röthig endlich eine geräumigere Wohnung in der

— Die Geschwister Röthig, 1934 —

Winklerstraße 37 in Frankenberg beziehen. Nach und nach erfuhren sie vom Schicksal der anderen Geschwister und Verwandten und konnten erneut Verbindung aufnehmen.

Die Erinnerungen an die Fluchtwege der Familie sind bis heute präsent, ebenso die Erinnerungen an Not und Verzweiflung, Vertreibung und Hunger. Gegenwärtig sind auch die Eindrücke, die das Ehepaar Schmidt vor einigen Jahren gewann, als es seine Heimatorte besuchte.

GELINGE MIT KARTOFFELBREI
Spezialessen bei Familie Röthig – aus der eigenen Fleischerei

500 g Kalbsherz oder auch Rinderherz (längere Garzeit beachten)
500 g Kalbslunge • 2 Zwiebeln • 50 g Butter • 30 g Weizenmehl
Salz, Pfeffer und Weinbrandessig (nach Geschmack)
1 EL feingehacktes Liebstöckelkraut (getrocknet)
1 Sträußchen Petersilie, feingehackt

☞ Das Herz und die Lunge wässern und in feine Würfel schneiden. Dabei sollten weiße Röhrchen im Fleisch oder gar Fettreste entfernt werden.
Die Zwiebeln ebenfalls feinwürflig schneiden und in der Hälfte der Butter anschwitzen. Dann das fein gewürfelte, nochmals gut abgewaschene und abgetrocknete Herz- und Lungengemisch darübergeben. Mit Salz und Pfeffer würzen und heißes Wasser aufgießen, so daß alles bedeckt ist. Das Gericht sollte 1 bis 2 Stunden vorsichtig köcheln.
In einem kleinen Topf den Rest Butter zerschmelzen und das Weizenmehl darüberstäuben, unter Hitze alles gut verrühren. Diese Einbrenne unter das nun fertig gegarte Herz-Lungen-Ragout geben. Es sollte unbedingt noch mal aufkochen, damit das Mehl nicht hervorschmeckt.
Jetzt erst den Essig darunter geben, die Kräuter zufügen und alles süßsauer abschmecken.
Dazu reiche man Salzkartoffeln.

SCHLESISCHE KLÖSSE MIT BACKOBST

BACKOBST: 100 g Birnen • 100 g Äpfel • 100 g Aprikosen
100 g Pflaumen, alles getrocknet
50 g Zucker • 1 Päckchen Vanillepuddingpulver
400 ml Wasser (davon 50 ml zum Anrühren des Puddingpulvers abnehmen)

KLÖSSE: 500 g Weizenmehl • 1 Würfel Hefe, frisch
oder 1 Tütchen Trockenhefe • 1/4 l Milch (3,5 % Fett) • 100 g Margarine
100 g Zucker • 2 Eier

☞ Zuerst das Backobst vorbereiten: Einen Tag vorher das Trockenobst in Wasser einweichen, gerade so daß das Trockenobst mit Wasser bedeckt ist.

Für die Klöße das Mehl in eine Schüssel sieben und die Hefe in warmer Milch auflösen. In das Mehl eine Mulde drücken, das Hefegemisch hineingeben und alles ¼ Stunde an einem warmen Ort zugedeckt stehen lassen. Die Margarine in einem Tiegel zerlaufen lassen, unter das Mehl geben, Zucker und Eier hinzufügen und alles kräftig verkneten. Acht Klöße formen und ins leicht gesalzene, leicht köchelnde Wasser geben. In diesem Wasser die Klöße 15 Minuten ziehen lassen.

Kurz nachdem die Klöße ins Kochwasser gegeben sind, das eingeweichte Obst mit Zucker bestreuen, mit 350 ml Wasser begießen, aufkochen und mit dem in kaltem Wasser angerührten Puddingpulver binden, nochmals aufkochen lassen und heiß servieren. Das Obst über die aus dem Topf gehobenen Klöße geben.

In manchen Gegenden Schlesiens füllte man die Klöße mit einem Gemisch aus Butter, Semmelbröseln und Mohn oder mit einer Backpflaume mit Honigklecks.

Gotthard Schmidt schildert seine Kindheit in Altreichenau

Eingebettet zwischen sanften Hügelketten im Vorland des Riesengebirges und dem sogenannten Waldenburger Bergland liegt ein etwa 5 km langes Bauerndorf – Altreichenau.

Am 8. Januar 1930 hier geboren, verlebte ich bis Herbst 1946 in Altreichenau meine Kindheit und einen Teil meiner Jugend. Mein Elternhaus war die Stellmacherei meines Vaters, ein Mehrfamilienhaus mit Werkstatt auf einem ungefähr 1800 m² großen Grundstück mit der noch heute gültigen Hausnummer 117.

Meine Mutter Martha, geb. Unger, führte den Haushalt. Zu Hause war außer der Familie oft noch ein Geselle und ein Lehrling zu beköstigen. Meine Mutter war immer ein wenig kränklich und oft bettlägerig. Meine Schwester Emmi mußte dann ihre Arbeit als Hausangestellte in Hirschberg aufgeben und uns die Wirtschaft führen. Meine Mutter war eine herzensgute und sehr sanfte Frau. Sie verstarb, für uns leider viel zu früh, während unserer Umsiedlung 1946 nach Pirna, im Alter von 55 Jahren. Die Mutter wurde in Pirna beigesetzt.

Mein Vater Richard Schmidt, selbstständiger Stellmachermeister, übernahm

Familie Schmidt im Garten, 1938

Postkarte von Altreichenau, 1931

das Grundstück von seinen Eltern. Nach dem Ersten Weltkrieg kaufte er mit finanzieller Unterstützung durch gute Freunde Holzbearbeitungsmaschinen. Meine Eltern leisteten sich keinen Urlaub, jeder Pfennig wurde zum Rückzahlen der aufgenommenen Schulden benötigt. Als das geschafft war, begann der Zweite Weltkrieg.

Vater kaufte Holz der verschiedensten Art, auch für Möbel, die er nach dem Krieg für uns Kinder anfertigen wollte. Der Hof und der Schuppen bis zum Dach waren damit gefüllt. Mein Vater dachte an seine Erfahrungen der Inflationszeit nach dem Ersten Weltkrieg: Das Geld verlor seinen Wert, das Holz nicht! Aber es kam anders.

Der Vater betätigte sich auch als Hobbygärtner, baute Gemüse, Blumen und Kartoffeln an. Außerdem zog er Salat und Krautpflanzen in Frühbeeten auf und verkaufte diese.

Meine Familie wurde im Herbst 1946, mit dem Wenigen, was wir tragen konnten, vertrieben. Über die Zwischenstation Pirna, wo Mutter starb, mußten wir weiter nach Langenau im Kreis Brand-Erbisdorf, hier starb Vater 1955 …

Immer wieder berichtete mir Gotthard Schmidt, wie er das Leben in seinem Heimatdorf Altreichenau empfand. Im Dorf gab es ein gutes Miteinander zwischen den Dorfbewohnern, ob deutsch oder polnisch. Man handelte untereinander, half sich gegenseitig und die Kinder spielten miteinander.

Noch heute, fast siebzig Jahre später, sind die Sagen und Geschichten aus der Heimat tief verwurzelt und werden den Enkeln immer wieder gern erzählt.

BOUILLONKARTOFFELN

Dieses in der Familie Schmidt sehr beliebte Essen hat eine besonders schmackhafte Rinderknochenbrühe als Basis.

Diese Brühe wurde bereits einen Tag vorher zubereitet. Man nahm Rinderknochen, die noch volles Mark besaßen, und gab diese in einen hohen Topf auf den Herd – gerade mit so viel kaltem Wasser aufgefüllt, daß die Knochen bedeckt waren. Das Wasser kochte auf und wurde weggeschüttet, die Knochen gut abgespült. Dann stellte man die Knochen wiederum mit kaltem Wasser auf den Herd – jetzt reichte das Wasser ein viertel über die Knochen. Das Wasser kochte langsam auf, köchelte dann für mehrere Stunden. Während dieser Zeit gab man ein Leinensäckchen mit Wacholderbeeren, Pimentkernen, Pfefferkörnern und Lorbeerblättern hinzu.

Anschließend wurde das Gemüse geputzt. Möhren, Sellerie und Zwiebeln wurden in walnußgroße Stücke geschnitten und in einem gußeisernen Tiegel ohne Fettigkeit angeröstet. Das Röstgemüse gab man ebenfalls an die seit Stunden leicht wallende Brühe. Durch das Röstgemüse erhielt die Brühe eine besonders schöne goldene Farbe. Erst jetzt wurde vorsichtig Salz zugegeben.

Die fertige Brühe wurde durch ein Leinentuch geseiht und an einen kühlen Ort gestellt. Die Knochen und das Röstgemüse jedoch wurden ein drittes Mal mit Wasser aufgefüllt und ergaben nach mehrstündigem Köcheln einen hervorragenden Auffüllfond für Braten oder Gulasch.

Am Tag der Mahlzeit wurde die bernsteinfarbene Brühe langsam erwärmt und besonders ausgesuchte, schöne runde, geschälte Kartoffeln darin gekocht. Der Topf durfte nie geschlossen sein, damit die leicht kochende Brühe nicht trüb wurde. Aus dem geöffneten Topf zog der wunderbare Duft der Bouillonkartoffeln durch das ganze Haus und auf den Hof. Gemeinsam aß die Familie die gegarten Kartoffeln und löffelte dazu die wohlschmeckende Brühe.

Zutaten für vier Personen
1,5 kg Rinderknochen (Schweineknochen eignen sich nicht!)
1 Selleriekopf • 3 Möhren • 2 mittelgroße Zwiebeln
10 Pimentkerne • 10 Wacholderbeeren • 20 Pfefferkörner
3 Lorbeerblätter • Salz nach Geschmack
je Person 4–5 mittelgroße, festkochende Kartoffeln

Kinderfest in Altreichenau, 1934

DAS BERÜHMTE SCHLESISCHE HIMMELREICH DER FAMILIE SCHMIDT AUS ALTREICHENAU

500 g Kassler (Kammfleisch ist besonders geeignet)
250 g Backobst (Backpflaumen, Birnen, Äpfel, Aprikosen) • 30 g Butter
30 g Weizenmehl • Salz und Pfeffer • 1 Prise Zucker

☞ Das Backobst einen Tag vorher einweichen. Das Kasslerfleisch in einem Topf mit Wasser bedeckt gut eine Stunde kochen. Vorerst keine Gewürze dazugeben, um den Kasslergeschmack zu erhalten.
Nach Ende der Kochzeit das Backobst dazugeben und alles nochmals eine halbe Stunde durchköcheln. Anschließend das Fleisch herausnehmen, in Scheiben schneiden und warm stellen. Das durchgekochte Backobst mit dem Pürierstab zu einer sämigen Masse verarbeiten. Früher, als es noch keinen elektrischen Pürierstab gab, strich man das Backobst durch ein Haarsieb.
Aus der Butter und dem Weizenmehl eine Mehlschwitze bereiten und unter die leicht wallende Brühe geben. Anschließend die Brühe mit Salz, Pfeffer und Zucker abschmecken.
Zum schlesischen Himmelreich reichte man Semmelknödel.

—⚜ Kinderfest in Altreichenau, 1935 ⚜—
Der fünfjährige Gotthard Schmidt als Müller auf dem Wagen

MARINIERTER HERING ALTREICHENAUER ART

um 1935

An diese Art der Zubereitung erinnert sich der inzwischen 78jährige Gotthard Schmidt noch sehr genau. Die Äpfel stammten aus dem eigenen Garten und die Herstellung der Leib- und Magenspeise der Familie Schmidt zog sich über volle drei Tage hin. Der Vater war in dieser Beziehung sehr eigen: Die Heringe wurden nur dann beim Dorfkrämer gekauft, wenn dieser frische Ware bekommen hatte.

Rosi Schmidt gelang es aber dennoch, mit der Zubereitung marinierter Heringe bei ihrem Mann Heimatgefühle zu wecken. Nur, daß sie nicht mehr drei Tage damit zu tun hatte und der Hering nicht mehr beim schlesischen Dorfkrämer in Altreichenau gekauft werden konnte.

1 kg Salzheringe, ausgenommen und ohne Kopf
200 ml kaltes Wasser • 1 Spritzer Weinessig • 5 Pimentkörner
10 Pfefferkörner • 4 mittelgroße Zwiebeln
4 Gewürzgurken • 2 saure Äpfel • 250 ml süße Sahne
250 ml saure Sahne • 250 ml Buttermilch

☞ Die Heringe 24 Stunden wässern, filetieren, enthäuten, in 2 cm große Stücke schneiden. 200 ml kaltes Wasser mit Essig und den Gewürzen vermengen. Zwei Zwiebeln schälen, halbieren und in Scheiben schneiden. Zwiebelscheiben und die Heringsstücke in die Marinade geben. Weitere 24 Stunden an einem kalten Ort zugedeckt stehen lassen.

Übrige Zwiebeln, Gurken und die entkernten, aber ungeschälten Äpfel in ganz feine Würfel schneiden. Den Hering abtropfen lassen, die Gewürze auffangen und alles zusammen in eine Schüssel geben. Sahne mit der Buttermilch vermengen und darüber gießen. Dann nochmals alles zugedeckt volle 24 Stunden an einem kühlen Ort stehen lassen. Dazu gab es Pellkartoffeln.

DAS SELBSTGEMACHTE SAUERKRAUT DER FAMILIE SCHMIDT

Seit Urgroßmutters Zeiten wurde unser Sauerkraut selbstgemacht, erzählt Gotthard Schmidt. Die zwei uralten Holzfässer wurden immer wieder verwendet. Tage vorher wurden sie mit Wasser und einer riesigen Handbürste gescheuert und auf dem Hof getrocknet. Wenig später kam ein mit Weißkohlköpfen beladenes Pferdefuhrwerk. Die Kohlköpfe wurden unter Freunden und Nachbarn verteilt.

Der Strunk und die äußeren Blätter des Kohles wurden entfernt, aber aufbewahrt. Anschließend wurde der Weißkohl fein gehobelt. Der geraspelte Kohl wurde in mehreren dünnen Schichten in die zwei Holzfässer eingelegt. Jede Schicht wurde mit Salz, Wacholderbeeren und ein paar Schnitzelchen geraspelter Möhren bestreut, dann mit einem dicken, uralten Holzstößel festgeklopft. Am Ende deckte man alles mit einer Schicht aus Kohlblättern und einem ausgekochten Leinentuch zu. Darauf kam dann ein Holzdeckel, der genau in jedes Faß eingepaßt war. Zuletzt wuchtete der Vater einen riesigen Stein auf jedes Faß. Nach 14 Tagen konnte man schon das erste Sauerkraut zum Kochen entnehmen. Fast ein halbes Jahr hatte die Familie Schmidt ein köstliches Sauerkraut für die Küche zur Verfügung.

Auch in Kaiserswaldau wurde das Sauerkraut selbst gemacht. Beide Schmidts erinnern sich an den besonderen Geruch, der dem Sauerkraut eigen war.

--- Ricarda und Eduard Bacher, 1901 ---

Der Ebereschen-Koch aus Bad Warmbrunn: Eduard Bacher

Familie Bacher bekam von Bekannten das Buch „Familienrezepte aus Schlesien" geschenkt. Im Internet recherchierten sie meine Adresse sowie die Telefonnummer und luden mich zu sich ein.

Bei meinem Besuch im März 2008 sitzen August und Erna Bacher bereits auf gepackten Koffern. Sie wollen in ein altersbetreutes Wohnheim nach Bad Honnef umziehen und sind sehr beschäftigt. In dem Häuschen, das von August Bachers Großvater 1935 erbaut wurde, sind viele Erinnerungen noch gegenwärtig.

Das Ehepaar Bacher empfängt mich mit dem unverkennbaren schlesischen Dialekt. Auf meine Nachfrage, warum denn beide diesen schlesischen Dialekt sprächen, obwohl sie nur ihre Kindheit in Schlesien verbracht haben, meinen sie verschmitzt, der Umgang forme den Menschen und seine Aussprache. Beide unterhalten lebhaften Kontakt zu schlesisch sprechenden Menschen. Das sei für sie sehr wichtig. Man lebe zwar heute und stelle sich auch den Anforderungen der heutigen Zeit, aber man gedenke ebenso liebevoll der Vergangenheit.

— Bad Warmbrunn, um 1920 —

Für das neue Wohnzimmer im altersbetreuten Wohnheim steht schon eine große Kiste mit Heimatliteratur bereit – natürlich in Mundart verfaßt. Sofort verfallen beide erneut in den schlesischen Dialekt. Da ich davon nur die Hälfte verstehe, beeilen sie sich rücksichtsvoll, wieder Hochdeutsch zu sprechen.

Die Bachers stammen beide aus dem schlesischen Bad Warmbrunn und sind hier auch 1930 geboren. Beide arbeiteten als Lehrer und wollen nun hoch in den Siebzigern eine geschmackvolle, schon möblierte Seniorenresidenz beziehen. Sie entschieden sich, fast nichts mitzunehmen und da sie keine Kinder und Enkel haben, stellten sie den gesamten Hausrat für einen Trödelhändler bereit. Freundlicherweise verpackte das Ehepaar aber alles, was an die berufliche Laufbahn des Großvaters erinnert, in eine extra Kiste, die auf mich wartete. Trotz der begehrlichen Blicke des Trödelhändlers haben sie diese Kiste nicht hergegeben, erzählt mir die immer noch sehr lebhafte Erna Bacher lachend.

Aus der Familiengeschichte

Erna Bacher, geb. Nolde, ist die einzige Tochter des Brunnenbaumeisters Richard Nolde und seiner Frau Hertha, geb. Grünling.

August Bacher ist der einzige Sohn des Oberkellners Reinhardt Bacher und seiner Frau Leonore, geb. Feigenspan.

Reinhardt Bacher war wiederum der einzige Sohn des bekannten Bad Warm-

Bad Warmbrunn, Quellenhof und Schloß, um 1920

brunner Kochs Eduard Bacher und seiner Frau Ricarda, geb. Geißler. Erst nach einem ausführlichen Gespräch kann ich langsam die komplizierten Familienverhältnisse erahnen, die eng mit der Geschichte des alten schlesischen Kurortes Bad Warmbrunn (heute polnisch Cieplice Zdrój) verwoben sind.

Zum Beispiel erbaute im Kurpark von Bad Warmbrunn ein männlicher Sproß der Familie Geißler, der bekannte Breslauer Baumeister Carl Gottfried Geißler, 1797 die Galerie nach italienischem Vorbild.

Bad Warmbrunn fand das erste Mal 1281 Erwähnung und wurde nach den hier im 12. Jahrhundert entdeckten heißen Thermalquellen benannt.

Der schöne Kurpark, in dem sich die beiden Mütter Hertha und Leonore zufällig kennen lernten, als sie mit ihren Kinder spazieren gingen, existiert heute noch! Die Bekanntschaft hing mit der Arbeit des in Bad Warmbrunn überall bekannten „Ebereschen-Kochs" zusammen.

Leonore Bacher (1899–1951), die Mutter von August Bacher, sammelte Wildobst für den Schwiegervater, der aus den Früchten der Eberesche köstliche Marmeladen, Cremés für Torten, Kuchenfüllungen und auch Desserts zauberte.

Nach und nach lernten sich die beiden Familien kennen. Gern gingen beide Ehepaare zu den Volksfesten in Bad Warmbrunn und hier besonders zum „Tallsackmarkt", einem alljährlich stattfindenden Volksfest. Später als die Bachers schon in Köln wohnten, verlor man sich ein wenig aus den Augen.

Die Lebensgeschichte des Eduard Bacher (1858–1947)

Eduard Bacher wurde 1858 in Bad Warmbrunn als einziges Kind der Hausköchin Erna Bacher (1834–1900) geboren. Seinen Vater lernte Eduard nie kennen. In der Familie wird überliefert, daß seine Mutter ihm erst kurz vor ihrem Tod verriet, wer sein Vater war: ein kaiserlicher Offizier der österreichisch-ungarischen Monarchie. Nach einem Manöverball hatte er mit ihr eine wundervolle Nacht verbracht. Am anderen Tag zog er mit seinem Regiment weiter. Bald bemerkte die schöne Dorfgasthofköchin, daß diese Liebesnacht nicht ohne Folgen blieb. Sie fuhr nach Bad Warmbrunn zu Verwandten ihrer verstorbenen Mutter und kam hier vorerst unter. Die beiden kinderlosen Schwestern ihrer Mutter nahmen Erna Bacher liebevoll auf, kümmerten sich um den Jungen Eduard und vermittelten ihm, die Gaben der Natur zu schätzen. Viel Zeit verbrachte der gelehrige Junge in der Küche bei den Tanten und beobachtete, wie sie die gesammelten Wildfrüchte zu Tee, Kuchenfüllungen und allerlei Naschwerk verarbeiteten.

Eduard war ein sehr ruhiger, aber fleißiger Schüler und hing sehr an den beiden Tanten, die ihn liebevoll umsorgten. Eduard besuchte die Volksschule in Bad Warmbrunn bis 1874. Von 1874 bis 1878 lernte er Koch im Kaiserhof Breslau.

In seinem Tagebuch, welches er mit 12 Jahren angefangen hatte, beschreibt er den Küchenalltag um 1874, er schildert die schweren Arbeiten in der Spülküche, das Scheuern der Riesentöpfe und der schwarzen Gußpfannen. Der Arbeitsalltag umfaßte täglich 16 bis 18 Stunden. Eduard Bacher erzählt auch von seinen ersten Hilfsarbeiten für die Köche in ihren blütenweisen Schürzen und den hohen gestärkten Mützen und schließlich von den ersten eigenen Kochversuchen, die vom strengen Schweizer Küchenchef Fred Ehrsam, der lange Jahre in Zürich in besten Hotels gearbeitet hatte, wohlwollend bewertet wurden.

Eduard Bacher entdeckte seine Leidenschaft für die Herstellung von Desserts. Er verarbeitete Naturprodukte, die ihm die Bauern aus der Umgebung etwas mitleidig lächelnd als kostenfreie Zugaben zu ihren Kartoffeln und dem frischen Gemüse dazupackten. Erst als Eduard Bacher den Küchenchef Ehrsam von seinen wundervollen Naturdesserts überzeugt hatte, fand die Geschäftsidee Beachtung. Die Bauernkinder mußten nun fortan körbeweise Vogelbeeren sammeln und fehlten den Bauern jetzt bei der täglichen Feldarbeit. Der geschäftstüchtige Küchenchef Ehrsam vermarktete die Ebereschenprodukte inzwischen gewinnbringend.

1883 begann Ricarda Geißler (1860–1909) als zweite Bürodame im Hotel Kaiserhof in Breslau zu arbeiten. Die junge Frau aus Köln hatte nach dem Abschluß der höheren Büroschule auf Vermittlung eines Verwandten hin die Anstellung bekommen. Schon zu Beginn ihrer Tätigkeit fiel ihr der stille zweite Küchenchef auf. Besonders seine leckeren Obsttorten und Süßspeisen waren für Ricarda Geißler eine Gaumenfreude. Nach einem Frühlingsball im Jahre 1884 wurden sie ein Paar. 1885 heiratete Eduard Bacher die Hotelangestellte Ricarda Geißler. Einer der Hotelinhaber, der nette Herr Feigenspan, verhalf ihnen zu einer kleinen Wohnung in seinem Haus in der Wilhelmstraße.

Fünf Jahre nach der Heirat bekam Eduard Bacher, jetzt bereits Küchenmeister, durch Vermittlung der Familie Feigenspan eine Küchenchefstelle in Bad Warmbrunn angeboten. Da auch Ricarda in Bad Warmbrunn zahlreiche Verwandte besaß, entschied sich das Paar rasch für diesen Ortswechsel.

Auch in Bad Warmbrunn war Eduard Bacher ein begehrter Küchenchef, der Naturprodukte in süße Köstlichkeiten verwandelte. 1909 starb seine Frau an einer Lungenentzündung und ließ ihn mit dem nun schon 7jährigen Sohn allein.

Der Junge, Reinhardt Bacher (1901–1979), Vater von August Bacher, meinem Gesprächspartner, wuchs von nun an in der Familie Feigenspan auf.

Der alte Herr, der damals der jungen Familie Unterkunft gewährte, hatte sich nach einer mißglückten Börsenspekulation erschossen und seine Familie mittellos zurückgelassen. Es sollte der Beginn einer wunderbaren Fügung sein, wie Erna Bacher heute warmherzig lächelnd erzählt.

Eduard Bacher trat 1924 die Stelle eines zweiten Küchenchefs im Kölner Erbprinzen-Hotel an, einem damals sehr renommierten Haus. Auch hier war Eduard Bacher bald aufgrund seiner gesunden Naturküche bekannt.

Die Verwandtschaft seiner verstorbenen Frau schenkte ihm 1932 ein Baugrundstück. Drei Jahre später war das Haus fertig, in dem mich die beiden Bachers empfingen.

In Bad Warmbrunn indes avancierte Reinhardt Bacher zum Oberkellner und heiratete Ostern 1930 seine Kindheitsfreundin Leonore Feigenspan. Zu Weihnachten 1930 kam der Sohn August Bacher auf die Welt und als der Zweite Weltkrieg begann, lernte die Familie die Naturküche des Großvaters besonders zu schätzen. 1947 starb der Großvater Eduard Bacher, der in dem Kölner Haus allein wohnte. Nun zog der Sohn Reinhardt mit seiner Familie aus Schlesien nach Köln.

1951 stirbt seine Frau. Er beginnt die Veranstaltungen der schlesischen Heimatvereine zu besuchen. Dort trifft er zufällig auf eine Freundin aus früheren Tagen, die liebenswürdige Brunnenbaumeisterwitwe Hertha Nolde, die wie er aus Bad Warmbrunn stammt. Er spricht die blonde Frau daraufhin an.

1954 heiraten Reinhardt Bacher und Hertha Nolde und die Kinder, die sich vom schlesischen Heimatverein bereits kannten und zufälligerweise zusammen in Frankfurt am Main studierten, finden ebenfalls zueinander. Von nun wohnten zwei Ehepaare in dem vom Eberschenkoch Eduard Bacher erbauten Haus. Ebereschenbeeren sammelte man immer noch und bereitete daraus leckere Süßspeisen zu.

REZEPTE FÜR EBERESCHEN (SORBUS AUCUPARIA)

Ebereschensaft

☞ 2 kg Ebereschenbeeren waschen und von den Stielen befreien. Die Beeren durch die feine Scheibe eines Fleischwolfs drehen, mit 200 g Zucker verkneten und in einen Dampfentsafter geben. Diese Menge ergibt einen Liter reinen Ebereschensaft.
Den Saft kochend heiß in heiß ausgespülte Flaschen geben. Sofort verschließen.

Ebereschengelee

Aus dem Saft (siehe Rezept Ebereschensaft) kann auch Gelee hergestellt werden.
☞ 1 Liter Ebereschensaft auf die Hälfte einkochen. 300 g Zucker dazugeben und alles zu einem dickflüssigen Gelee kochen. Ein paar Tropfen Gelee auf eine kalte Untertasse geben und prüfen, ob das Gelee fest wird. Dann in kochend heiß ausgespülte Gläser füllen und steif werden lassen. Deckel fest darauf schrauben und erst in den Keller bringen, wenn die Gläser kalt sind.

Ebereschenmarmelade

☞ Den Rückstand der dampfentsafteten Ebereschen durch ein Haarsieb passieren. In Gläser füllen, welche man ebenfalls kochend heiß ausgespült hat. Sofort Zellophan darüber geben und fest zubinden. Diese Marmelade dient zur Streckung von anderer Marmelade, die gekauft oder selbst hergestellt ist. Sie ist ebenfalls zur Verfeinerung von Wildfleischsoßen oder von Dessertspeisen verwendbar.

Bad Warmbrunn, Kurhaus (l.) und Haus des „Hausfleiß-Vereins"

Ebereschen-Bonbons

☞ 500 g entstielte Ebereschen unter kaltem, fließendem Wasser reinigen, durch die feine Scheibe des Fleischwolfs drehen und mit 200 g Zucker vermischen. In einem Topf 10 Minuten erhitzen und oft umrühren. Durch ein Sieb streichen, noch mal 5 Minuten erhitzen, umrühren, bis die Masse eine zähe Paste ergibt.
Kochend heiß, etwa 1 cm dick, auf eine kalt abgespülte Porzellanplatte ausstreichen. Trocknen lassen und mit einem großen, schweren Kochmesser in kleine, ca. 1 cm große Würfel schneiden. In Zellophan verpacken und an einem kühlen Ort bis zum Verzehr aufbewahren.

Ebereschensuppe mit Grießtürmchen

☞ Etwa 1 kg Ebereschenmus mit 1/2 l Wasser verdünnen. Aufkochen und mit 100 g Zucker abschmecken. Einen gestrichenen Eßlöffel Weizenin oder Stärkemehl in etwas kaltem Wasser anrühren und in das leicht köchelnde Ebereschenmus geben.
1/4 l Milch und 30 g Grieß und eine Prise Salz aufkochen. In kalt ausgespülte Eierbecher füllen, erkalten lassen und stürzen, in die Suppe geben.

Ebereschentorte mit Birnen

TEIGZUTATEN: 300 g Weizenmehl • 15 g Hefe • 1/8 l Milch
30 g Margarine • 50 g Zucker • 1 Prise Salz

BELAG: 200 g Ebereschenbeeren • 50 g Zucker
3 große, nicht zu harte Birnen

☞ Aus den Zutaten einen Teig herstellen, ausrollen. Springform fetten oder ölen. Mit 2/3 des Teiges den Boden der Springform auslegen.
Die Birnen schälen, Kerngehäuse entfernen, Birnen achteln. Ebereschenbeeren abzupfen, abwaschen und mit dem Zucker in einer Schüssel durchschütteln.
Dann den Teigboden mit Birnenachteln und Ebereschenbeeren belegen. Vom übrigen Teigdrittel lange Streifen formen und als Streifengitter über das Obst legen. 15 Minuten gehen lassen und dann eine gute halbe Stunde in der Röhre bei 150 Grad Mittelhitze backen.

Die Kynsburg bei Kynau, um 1930

Schankwirtrezepte der Familie Kohler aus Kynau, um 1900

Die Familie Kohler aus Köln schrieb mir einen ganz lieben Brief und lud mich zu sich ein. Man bot mir liebenswürdigerweise an, aus dem Nachlaß des Urgroßvaters etwas für mein neues Schlesien-Familienkochbuch herauszusuchen.

An einem heißen Juniwochenende 2008 machte ich mich auf den Weg und wurde sehr nett in Köln empfangen. Die Eheleute Kohler reisen heute noch oft in ihre alte Heimat. Die Ehefrau Renate schwärmt von der landschaftlich schönen Gegend, während wir uns Lichtbilder der Schlesiertalsperre zwischen Kynau und Breitenhain anschauen.

Hoch über dem Wasser thront immer noch die sagenumwobene Kynsburg. Hier suchte ihr Mann Siegfried Hermann Kohler als zehnjähriger Junge nach dem von vielen vermuteten Goldschatz, hob Löcher aus und bohrte so manche Mauer und Säule an.

Siegfried Hermann Kohler erinnert sich noch sehr genau, daß ihn sein Großvater oft in die Natur schickte, um Flieder zu holen. Der Großvater stellte daraus tolle Desserts, Kuchen und Tees her und bot

🌺 Urgroßvater Hermann Kohler (1872–1943)

Großeltern Martha und Eduard H. Kohler 🌺

diese Köstlichkeiten in seiner Gastwirtschaft an. Die Gäste, vor allem aus Breslau, die in der Sommerfrische in Kynau, Goldwald, Burkersdorf oder der nahen Stadt Schweidnitz weilten, kamen extra wegen dieser hausgemachten Spezialitäten zu ihm. Ein paar der schönen Fliederrezepte habe ich aufgeschrieben.

Die Geschichte der Familie Kohler beginnt mit dem Urgroßvater, Hermann Kohler, der in Breslau als dritter Sohn des Stadtpolizisten Gustav Kohler am 3. März 1872 geboren wurde. Nach dem Besuch der Schule konnte er im Jahre 1889 als Koch in der Breslauer Domwirtschaft eine Lehre beginnen. 1892 wurde Hermann Kohler als Koch beim Kynauer Wirt Adolf Nimtsch beschäftigt und ging 1900 als Küchenchef in die „Saaleplantagen" nach Halle an der Saale.

In Halle heiratete er Augustine Hermansfelder (1873–1912) und gründete eine Familie. Der einzige Sohn, Eduard Hermann Kohler, wurde 1902 in Halle geboren.

Nachdem Hermann Kohler senior mit einer eigenen Gaststätte „Zur Traube" 1911 in Halle in Konkurs ging, entschied er sich, gemeinsam mit seiner Familie, seinen

Die Schwestern Bertha Jacobi, geb. Kohler, und Amelie Kohler

Schwestern und seinem Schwager nach Kynau (heute polnisch Zagórze Śląskie) zurückzukehren.

Er arbeitete wieder in der Küche beim Kynauer Gastwirt Nimtsch. Seine beiden Schwestern Bertha Jacobi, geborene Kohler (1876–1939), und Amelie Kohler (1871–1949) unterstützten ihn gern und pflegten die von Hermann Kohler praktizierte Naturküche.

Flieder war ein Hauptprodukt in der bodenständigen Küche, die in den Gastwirtschaften von Adolf Nimtsch rund um Kynau angeboten wurde. Hermann Kohler erarbeitete ein Rezeptbuch für die Veröffentlichung, ging jedoch einem windigen Breslauer Verleger auf den Leim und verlor dadurch seine gesamten Ersparnisse.

Erst nach jahrelangen Auseinandersetzungen gelang es einem Freund seiner Kochkunst, dem Verleger Korn aus Breslau, das Fliederkochbuch-Manuskript zurückzuholen.

Sohn Eduard wurde wie der Vater Koch und lernte im renommierten Breslauer Hotel Krone. 1924 kehrte er als Jungkoch nach Kynau zurück und fand in dem beliebten Touristenort sofort Arbeit. Auch Eduard Kohler fand Gefallen an den Fliederspeisen seines Vaters.

Das Kohler-Haus in Kynau, um 1940

Der junge Koch heiratete am 12. März 1933 die Kellnerin Martha Scheinburg. Genau ein Jahr nach der Hochzeit kam Siegfried Hermann Kohler auf die Welt, mein Gesprächspartner.

An die Vertreibung aus seiner Heimat im Jahre 1946 kann er sich noch gut erinnern. Auch daran, wie man in Kynau die umliegenden Herrenhäuser und Schlösser plünderte und an den würdelosen Umgang mit der Bevölkerung. Kindheitserinnerungen fallen ihm ein und die alten Küchenrezepte. Das Rezeptbuch, das immer noch in der Familie existiert, wird gehütet wie ein Schatz – es ist ja das letzte Vermächtnis des Urgroßvaters und des Großvaters. Beide haben darin ihre Rezepte notiert.

Es war einfach eine schwere Zeit, sagt Siegfried Hermann Kohler heute und seine Frau Renate, die aus Ostpreußen, aus der Gegend um Königsberg stammt, pflichtet ihm bei.

Von Zeit zu Zeit fahren die Kohlers nach Kynau. Das Elternhaus steht noch und ist in gutem Zustand. Bei diesen Besuchen gehen sie auch immer auf die Kynsburg. Sie befindet sich in einem bedauernswerten Zustand. Die Initialen „SHK" für Siegfried Hermann Kohler sind jedoch noch gut erkennbar. Siegfried glaubte damals, in einem Pfeiler den von allen Schatzsuchern vermuteten Goldschatz gefunden zu haben. Leider bestand der gefundene Schatz nur aus alten eingemauerten Eisenteilen.

KOHLERS FLIEDERBLÜTENWEIN
REZEPT UM 1910
-Originalversion-

☞ Am frühen Morgen werden die Fliederblüten abgezupft und sofort einmal abgewaschen, dann auf einem großen Leinentuch getrocknet, aber nicht in direkter Sonne.

2 kg Fliederblüten (die groben Stengel entfernen)
3 l abgekochtes, kaltes Wasser • ½ l Weißweinessig
1 Zitrone • 1 kg ganz feiner Zucker

☞ Nimm dir einen Steinguttopf, spüle ihn mit kochendem Wasser aus und reibe ihn trocken! Gib die Fliederblüten hinein. Gieße das kalte, aber abgekochte Wasser sowie den Essig über die Fliederblüten und schneide die Zitrone, nachdem du sie vorher heiß abgewaschen und trocken gerieben hast, in ganz dünne Scheiben. Die Zitronenscheiben auf die Fliederblüten legen und den Zucker dazugeben. Alles gut vermengen. Binde den Topf mit einem Leinentuch zu und stelle ihn in den kühlen Keller. Am günstigsten steht der Topf da, wo die kalte Luft am besten hinkommt. Schau jeden Tag nach dem Topf und rühre mit einem Holzlöffel um!
Am achten Tag wird der Fliederblütenwein durch ein Küchensieb gegeben und dann durch ein Leinentuch. Die Flaschen werden heiß ausgespült, sofort befüllt und dann mit einem Gummistopfen verschlossen. Der Fliederblütenwein muß sorgfältig mindestens 4 Wochen beobachtet werden. Bilden sich die ersten Bläschen in den Flaschen, muß der Wein getrunken werden. Sonst wird er durch die Gärung zu sauer.

KOHLERS WALDHIMBEERROLLE
AUF FLIEDERSCHAUM, UM 1930

300 ml Fliederblütenwein

BISKUITBODEN: 3 Eier • 1 Prise Salz
80 g Weißzucker • 1 Zitrone • 80 g Weizenmehl, fein

FÜLLUNG: 500 g Himbeeren, am Morgen pflücken
3 EL Zucker • Zitronensaft • 125 g Frischkäse, feinkörnig
150 g Schlagsahne, steif geschlagen
1 TL Speisestärke (Mondamin) • 1 EL Puderzucker
einige extra große Himbeeren für die Garnitur

☞ Den Fliederblütenwein auf ein Drittel einkochen und kalt stellen. Für den Biskuitboden ein Backblech mit Backpapier belegen. Den Backofen auf 230° C vorheizen. Das Eiweiß der 3 Eier mit Salz steif schlagen. Den Zucker dazugeben und weiter schlagen, bis die Masse glänzt. Alle Eigelb und etwas abgeriebene Zitronenschale dazugeben und wieder schlagen. Dann das feine Mehl darüber stäuben und alles vorsichtig unterheben.
Die Masse auf das Backpapier einen halben Zentimeter dick gleichmäßig aufstreichen. Fünf Minuten im Ofen backen und dann auf ein zweites Backblech stürzen.
Auf das Backpapier ein feuchtes Tuch legen und das Backpapier mit dem feuchten Tuch abziehen. Jetzt das Backblech sofort wieder auf den Biskuitteig legen und beiseite stellen. Dadurch hält sich der Biskuitteig formbar.

Für die Füllung die Himbeeren pürieren, dazu die 3 EL Zucker und 1 EL Zitronensaft und dann die Hälfte des Frischkäses und die steif geschlagene Schlagsahne vorsichtig miteinander vermischen. Sehr kalt stellen, die Füllung kann leicht anfrieren.
Den gebackenen Biskuitteig mit der Füllung bestreichen und sofort vorsichtig zusammenrollen. Mit einer Klarsichtfolie fest einrollen und nochmals 2 Stunden kühl stellen.

Jetzt den Fliederschaum herstellen: Dafür den Fliederblütenwein nochmals aufkochen und mit der in etwas kaltem Wasser angerührten Speisestärke binden.
Die Flüssigkeit nochmals aufkochen und mit einem Schneebesen im kalten Wasserbad aufschlagen. Die andere Hälfte des Frischkäse dazugeben und alles kräftig schaumig schlagen. Auf große, flache Teller streichen.
Die Himbeerrolle in Stücke schneiden und auflegen. Die großen Himbeeren in Puderzucker wälzen und als Garnitur anlegen.

KOHLERS „LILA" FLIEDERDICKSAFT

2 l Wasser • 2 kg Zucker
2 kg Fliederblüten, am Nachmittag gesammelt
3 Zitronen

☞ Das Wasser aufkochen und 1 kg Zucker hineingeben. Gut durchkochen lassen. Die am Nachmittag gepflückten lila Fliederblüten in das noch warme Wasser geben und die in Scheiben geschnittenen Zitronen dazugeben. Alles 3 Tage stehen lassen.
Den Saft nach dieser Zeit wieder in einen Topf geben und das zweite Kilogramm Zucker dazugeben. Alles auf die Hälfte einkochen lassen. Den Saft in heiß ausgespülte Flaschen füllen und gut verschließen.
Man sollte den Dicksaft in einem viertel Jahr verbrauchen, weil er sonst an Geschmack verliert.
Dieser Dicksaft wurde besonders gern für Cremes und Puddings verwendet.

—❧ Selma Groß als Sprechstundenhilfe (vorn rechts), 1920 ☙—
Dieses einzige erhaltene Foto von Selma Groß wurde bei einem Frühlingsausflug
der Frankensteiner Stadträte aufgenommen.

Hausrezepte von Selma Groß aus Frankenstein

Die Geschichte der Schlesierin Selma Groß beginnt – wie viele der schlesischen Familiengeschichten – mit der Lebensbeschreibung der Vorfahren aus dem 19. Jahrhundert. Ihre Nichte Erika Geßner, heute selbst hochbetagt, erzählte sie mir.

Selmas Vater Otto Groß stammte aus Altenburg, seinerzeit ein Zentrum der Hutmacherindustrie, und arbeitete als Facharbeiter in einer Hutfabrik. Er erhielt das Angebot, in Frankenstein (pol. Zabkowice Śląskie) als Saalaufseher einer Hutfabrik zu arbeiten. Im Januar 1886 trat er die Stelle dann an. In Frankenstein lernte er auch Elisabeth Reusner kennen und das Paar heiratete im Frühjahr 1887 in der Pfarrkirche St. Anna.

Die Pfarrkirche wurde im 14. Jahrhundert erbaut und zählt heute zu den Sehenswürdigkeiten der Stadt. Die Kirche wurde mehrmals umgebaut und erweitert. Die farbig gefassten Schnitzfiguren (Hl. Anna, Pietá, Madonna mit Kind) entstanden um das Jahr 1500.

—❧ Unteroffiziersschule in Frankenstein, 1920 ❦—

Der nordöstlich der Kirche stehende Schiefe Turm aus dem 15. Jahrhundert ist das Wahrzeichen der Stadt.

Selmas Mutter Elisabeth Groß (geb. Reusner) war als gute Köchin bekannt. Das Kochen hatte sie von ihrer Mutter gelernt, die viele Jahre Hausköchin des Frankensteiner Bürgermeisters gewesen war. In der Ehe von Otto und Elisabeth Groß wurden nach Selma (geb. 1887) noch drei weitere Mädchen geboren. 1902 starben die Mutter und das fünfte Mädchen bei der Geburt.

Die zu diesem Zeitpunkt fünfzehnjährige Selma Groß mußte nun die Mutter ersetzen, führte den Haushalt und war für die Erziehung ihrer drei Schwestern verantwortlich. Durch die erneute Heirat des Vaters 1912 war die Familie versorgt und mit 25 Jahren konnte Selma nun ihre eigenen Wege gehen. Bei einem Frankensteiner Landarzt arbeitete Selma zunächst als Sprechstundenhilfe.

Von Frankenstein in Richtung Breslau liegt das Wallfahrtsstädtchen Wartha (polnisch Bardo), es wird von der doppeltürmigen Wallfahrtskirche überragt. Blickfang der Kirche ist die gewaltige Orgel mit über 3000 Pfeifen. Pilger interessieren sich vor allem für die 42 cm kleine Marienfigur, die schon im Mittelalter verehrt wurde.

Das Kloster auf einem Hügel über der Stadt wurde in den 1930er Jahren als Noviziat der Breslauer Marienschwestern gebaut. Heute dient es als Kinderheim. Die katholische Schwesterngemeinschaft der Breslauer Marienschwestern wurde 1863 zum Schutz weiblicher Hausangestellter, zur Krankenpflege und Kinderfürsorge gegründet.

Im Noviziat der Marienschwestern verbrachte Selma Groß einige Zeit und vertiefte ihr medizinisches Wissen theoretisch und praktisch. Sie arbeitete bis 1928 als Sprechstundenhilfe. Auch in der Zeit ihres Noviziates in Wartha notierte Selma Groß ihre Lieblingsrezepte in das Rezeptbuch, welches sie von ihrer Mutter übernommen hatte.

1928 lernte die 41jährige Selma Groß den Leipziger Reichswehrhauptmann Gustav Möllter bei einem Stadtfest nahe der Burgruine Frankenstein kennen und zog mit ihm 1930 nach Leipzig. Hier führte sie den Haushalt des verwitweten Mannes, betreute und kümmerte sich liebevoll um seine drei Söhne.

Es fiel ihr schwer, den Vater allein in Frankenstein zurückzulassen, denn die drei Schwestern hatten ebenfalls bereits das Elternhaus in Frankenstein verlassen und lebten inzwischen in Mitteldeutschland.

Gustav Möllter verunglückte 1933 auf der Jagd tödlich. Die drei Söhne kamen bei Verwandten des Vaters unter und Selma benötigte lange, bis sie den großen Verlust verwunden hatte.

Bis 1947 lebte Selma Groß in Leipzig und Umgebung und arbeitete in verschiedenen Kinderheimen. Nach wie vor kochte sie gern und hielt sich an die Rezepte aus dem handgeschriebenen Kochbuch ihrer Mutter, welches sie über die Jahre weiter ergänzt hatte.

1942 holte sie den Vater zu sich und sie bewohnten gemeinsam eine Wohnung in Leipzig-Plagwitz. Geschwächt durch verschiedene Infektionskrankheiten und die schlechte Ernährung in der Nachkriegszeit starb Selma Groß 1947 im Alter von nur 60 Jahren. Der Vater lebte noch zwei Jahre allein in der Leipziger Wohnung. Er verstarb 97jährig im kalten Januar 1949.

Das Familienkochbuch ist im Familienbesitz geblieben. Erika Geßner stand in engem Kontakt zu ihrer Tante Selma Groß, besuchte sie bis zu ihrem Tod und übernahm das Kochbuch. An die hier ausgewählten drei Rezepte erinnert sie sich noch sehr lebhaft, ebenso an die Besuche beim Großvater in Frankenstein und die Spaziergänge zur romantischen Burgruine.

SCHLESISCHER APFELKUCHEN
NACH SELMA GROSS

Zutaten für ein großes Blech

Boden: 200 g Butter (zerlassen) • 400 g Weizenmehl
1 Päckchen Backpulver • 200 g Zucker

Belag: 2 Päckchen Vanillepudding
(1/2 l Milch und Zucker für den Pudding)
300 g Butter • 300 g Zucker • 5 Eier • 5 EL Grieß
2 Päckchen Vanillezucker • 1 kg Quark
500 g Äpfel (nicht zu reif und zu süß)
200 g Rosinen (in Wasser einweichen)
2 EL Puderzucker

☞ Die Zutaten für den Boden (die Butter am Herdrand in einem Tiegel zerlaufen lassen) miteinander zu einem glatten Teig vermengen, auf ein gefettetes Blech geben und zu einem Boden ausdrücken. Mit einem Tuch bedecken und stehen lassen, anschließend die Apfel-Puddingmasse zubereiten.

Für den Belag ein Päckchen Vanillepudding (nach Packungsanweisung) kochen und erkalten lassen.

Die erhitzte Butter mit dem Zucker vermischen, Eier trennen und das Eigelb zu Butter und Zucker dazugeben. Grieß und das zweite Päckchen Puddingpulver sowie den Vanillezucker dazugeben und alles vermengen. Jetzt den erkalteten Pudding und den Quark untermischen. Das Eiweiß steif schlagen und auch unterheben.

Äpfel schälen und achteln. Den Boden mit Apfelstücken belegen und die eingeweichten, abgetropften Rosinen darüberstreuen. Jetzt die Masse über die Äpfel gießen und breit streichen.

Bei Umluft bei 160 Grad eine gute Stunde backen! Nach dem Backen und Erkalten mit Staubzucker bepudern.

BIRNENSOUFFLÉ

2 große Birnen, süß und saftig
Schale und Saft einer unbehandelten Zitrone • 4 Eier (getrennt)
50 g Zucker • 1 Prise Vanillezucker • 3 EL gemahlene Mandeln
250 g Quark • Rapsöl zum Einfetten der Förmchen

☛ Die Birnen schälen, entkernen, in dünne Scheiben schneiden und in Zitronenwasser geben. Eigelb mit Zitronenschale, Zucker und Vanillezucker cremig schlagen. Mandeln zugeben, Quark dazugeben und alles miteinander vermengen und kühl stellen. Das Eiklar steif schlagen und vorsichtig unter die Masse heben. Birnenscheibchen in eingeölte Förmchen legen, die Quarkmasse darauf verteilen. Die übrigen Birnenscheiben klein schneiden, auf die Quarkmasse verteilen und vorsichtig mit einem kleinen Löffel unter die Masse drücken. Im vorgeheizten Backofen bei 180 bis 200 Grad ca. 25 bis 30 Minuten backen.
Dazu kann man Vanillesoße oder Fruchtmarksoße aus Beerenfrüchten reichen.

SCHLESISCHE LINSENRÖSTI

1 Zwiebel • 10 g Margarine • 250 g Linsen • 400 ml Gemüsebrühe
2 rohe Kartoffeln, ca. 200 g • 1 EL gehackte Petersilie
1 EL Weizenmehl • 2 EL angeröstete Semmelbrösel • 2 Eier
Salz und Pfeffer zum Würzen • Öl zum Backen

☛ Zwiebel würfeln und in heißer Margarine anbraten, Linsen dazugeben und mit heißer Gemüsebrühe auffüllen, ca. 15 Minuten kochen lassen und mit dem Pürierstab zerkleinern. Kartoffeln schälen, fein reiben und an die Masse geben. Jetzt alle anderen Zutaten dazugeben. Die Masse mit Salz und Pfeffer abschmecken.
Das Öl in einer Pfanne erhitzen, mit einem Eßlöffel kleine Puffer abstechen und in der Pfanne goldgelb backen lassen.

Dazu wurde immer ein Sauerkrautsalat mit Apfel und Möhre gereicht!

Maria Dinter, geb. Geyer, und ihr Mann Paul Dinter
am Tage ihrer Hochzeit vor der Albendorfer Wallfahrtsbasilika,
31. Oktober 1938

Ein Schicksal in der Grafschaft Glatz – die Familie Dinter

„Ein schöner Garten hinter den Bergen", so nannte ein Dichter die Grafschaft Glatz, im Südosten Niederschlesiens gelegen, umgeben von hohen Waldgebirgen und wie ein Eichenblatt in das heutige Tschechien hineinragend.

Die Grafschaft ist angefüllt mit schönen, alten Städten und freundlichen Dörfern, von den Höhen grüßen Kirchen ins Land und vielerorts sieht man prächtige Schloßanlagen. Der Paß von Wartha aus bildet den Zugang zu dieser Landschaft.

–❧ Gasthaus zur süßen Ecke (links) ❦–
Direkt gegenüber der Wallfahrtsbasilika in Albendorf gelegen,
fand hier am 31. Oktober 1938 das Hochzeitsfrühstück
für das Brautpaar Maria und Paul Dinter statt.

Über der Hauptstadt Glatz ragt die auf sieben Hügeln errichtete mächtige Festung Glatz, die Friedrich der Große ausbauen ließ. Bekannte Persönlichkeiten wie Freiherr von der Trenck oder Karl Liebknecht wurden hier gefangen gehalten. Dem Besucher bietet sich von dort ein herrlicher Blick auf die historischen Bauten der Stadt wie auf den aus dem Jahre 1397 stammenden prächtigen Rathausturm, das Franziskanerkloster oder die 1390 vollendete malerische Brücktorbrücke mit ihren barocken Heiligenfiguren.

Vielfältig sind die Gebirgszüge, die das Gebiet der Grafschaft wie natürliche Grenzen umschließen: im Osten das Eulengebirge und das Reichensteiner Gebirge, im Süden das Glatzer Schneegebirge und das Bielengebirge, im Westen das Habelschwerdter Gebirge und das an Böhmen grenzende Adlergebirge mit seinem nördlichen Hauptgipfel der Hohen Mense, bei Wintersportlern aufgrund ihrer idealen Bedingungen beliebt. Im Nordwesten das Tafelgebirge der Heuscheuer mit bizarr geformten Sandsteinfelsen und einer der schönsten Bergstraßen Schlesiens.

Über den Wallfahrtsort Albendorf, das „Schlesische Jerusalem", Wünschelburg und Karlsberg gelangt man hinab ins Bäderland der Grafschaft Glatz. Hier sprudeln die heilkräftigen Quellen, die seit Jahrhunderten der Menschheit dienen. Die populärsten Badeorte sind Kudowa, das Herzheilbad mit seinen schönen Bauten, Bad Reinerz und das Herzheilbad Altheide, auch bekannt für seine schönen Parkanlagen. Im Gebiet des Schneebergmassivs im oberen Bieletal liegt Landeck, das älteste Bad dieser Region. Seine radiumhaltigen Schwefelquellen nutzte schon Friedrich der Große zur Kur.

Im Laufe der Jahrhunderte hat sich in der Grafschaft Glatz eine Lebensart entwickelt, die sich sehr von jener der Nachbarn unterschied. Dies äußerte sich zum Beispiel in der Mundart so prägnant, daß die Grafschafter („Glootzer Naazla") mit Sicherheit leicht zu erkennen waren.

Eine weitere typische Besonderheit ist der tief verwurzelte katholische Glauben. Nicht umsonst gibt es in der Grafschaft viele bekannte Wallfahrtsorte wie Albendorf, Maria Schnee und Wartha. Damals wie heute laden diese Orte nicht nur zur Wallfahrt ein, sondern erfreuen sich das ganze Jahr über eines regen Pilgerstroms.

Eine große Liebe und Treue zu seinem „Herrgottsländchen" prägt den Grafschafter. Schon vor mehr als zweihundert Jahren wurden die Bewohner für ihre Treue zu Land und Volk vom Preußenkönig Friedrich II. mit dem Titel „Besonders treu!" geehrt.

Typisch für einen Grafschafter sind auch Fleiß, Sparsamkeit und eine solide Lebensweise. Auch die Küche, die grundsätzlich schlesisch ist, brachte ihre eigenen Grafschafter Rezepte hervor. Beispielhaft seien hier nur die Mehlsuppe zum Frühstück oder die Gebratene Buttermilch zur Kaffeetafel genannt.

In der Grafschaft Glatz wurde im Jahr 1912 auch Maria Geyer als Tochter einer Köchin und eines Konditors geboren. Ihr Vater Max Geyer arbeitete in der Bäckerei Völkel in Neurode. Nach dem Ende des Ersten Weltkrieges geriet er in englische Kriegsgefangenschaft und verbrachte die Zeit im Haushalt eines englischen Oberst. Er war dort für das Kochen und Backen zuständig und wurde sehr anständig behandelt. Nach seiner offiziellen Entlassung aus der Gefangenschaft kehrte er auf Bitten des Hausherrn nicht sofort nach Hause zurück. Er unterstützte die Familie bei den Vorbereitungen für die baldige Hochzeit der Tochter. In dieser Zeit erkrankte Max Geyer schwer und starb im Juli 1918, kurz vor der Einschulung seiner Tochter. Beigesetzt wurde Max Geyer in England.

Maria, die inzwischen noch ein Brüderchen bekommen hatte, wuchs nicht bei ihrer Mutter, sondern bei ihrer Großmutter auf. Später lebte sie dann bei ihrer Tante Martha Blaschke. Diese war kinderlos geblieben und wohnte im Wallfahrtsort Albendorf. Hier ging Maria Geyer zur Schule, bis sie schließlich in der mechanischen Weberei Ochmann den Beruf der Verkäuferin erlernte.

Am 31. Oktober 1938 heiratete die junge Frau den Maurer Paul Dinter aus dem Nachbarort Niederrathen. Zusammen mit den Dinter-Eltern bezog die junge Familie kurz darauf ein eigenes Haus. Paul Dinter war zu diesem Zeitpunkt bereits auf dem Schloß der Familie von Blanckart in Niederrathen als Förster in Stellung. Zu seinen Aufgaben gehörten die Hege und Pflege des Wildes im herrschaftlichen Wald sowie die Beaufsichtigung der Waldarbeiter.

Die Eltern der Baronin, Familie von Münchhausen, besaßen u. a. ein landwirtschaftliches Gut, in Schlesien Dominium genannt, in dem kleinen Ort Neißgrund (vorher Poditau). Neißgrund liegt nördlich von Glatz, idyllisch direkt an der Glatzer Neiße. Dorthin wurde Paul Dinter 1940 versetzt und die Familie, damals schon mit Sohn Konrad, bezog eine schöne Wohnung auf diesem Gut. Ein Jahr später, im Mai 1941, erblickte Sohn Ludwig das Licht der Welt, gefolgt von Tochter Margott 1942 und 1944 von Sohn Wolfgang.

Die Familie verlebte eine sehr glückliche Zeit in Neißgrund. Maria Dinter sagte damals immer wieder, daß sie diesen Ort nie mehr verlassen würde. Sie half bei der Milchausgabe, arbeitete in der Verwaltung und sorgte bei diversen Jagden des Barons für das leibliche Wohl der Gäste. Auch die Kinder der Herrschaften liebten dieses Gut, verbrachten viel Zeit beim Spielen dort und ließen sich von Maria Dinters Kochkünsten verwöhnen. Die Baronin von Blanckart schrieb 1977 in einem Brief an sie: „Mein Sohn erinnert sich noch sehr gut an Sie, vor allem an eine Jagd in Poditau, wo Sie Erbsensuppe gekocht hatten, die so gut war, daß er viele Teller aß und ihm nachher natürlich schlecht wurde."

Marias Wunsch, nicht mehr von hier fort zu müssen, ging leider nicht in Erfüllung: Am 14. Oktober 1946, anderthalb Jahre nach Kriegsende, wurde die Familie mit den übrigen Einwohnern von Neißgrund zu jeweils fünfzehn Personen in einen Viehwaggon gesperrt, den man mit Ketten verschloß. Mit unbekanntem Ziel mußten sie die Heimat verlassen. Nach einem Zwischenaufenthalt im Quarantäne-Lager in Blankenburg/Harz kam die Familie schließlich im November 1946 in Hasselfelde an, ihrem Zuhause bis heute. Die Zeit der Entbehrungen, die Sehnsucht nach der Heimat und das Nicht-Willkommensein in der Fremde ließen sich nur schwer überwinden und haben bis heute seelische Narben hinterlassen.

Paul Dinter verstarb 1996, seine Frau Maria lebt heute in einem Pflegeheim und erfreut sich an ihren Kindern und deren Familien. Ihre Enkelin Peggy Dinter fühlt sich der schlesischen Heimat und den Traditionen ihrer Familie besonders verbunden. Im Mai 2005 erfüllte sie sich mit der Eröffnung ihres schlesischen Traditions-Cafés „Glatzer Stube" in Hasselfelde/ Harz einen Kindheitstraum.

—❦ Albendorf, Marien-Statue   Glatz, Brücktorbrücke ❦—

OMA MINKAS SCHLESISCHER KARTOFFELSALAT

Das folgende Rezept war bis zur Veröffentlichung in diesem Buch ein streng gehütetes Geheimnis ausgewählter Familienmitglieder. Maria Dinter, liebevoll Oma Minka genannt, mußte „ihren" schlesischen Kartoffelsalat eimerweise für Familienfeiern, Straßenfeste, Betriebsfeiern etc. herstellen.
Dieses Rezept ist nichts für „faule" Hausfrauen, denn die Zutaten müssen in kleinste Würfel geschnitten werden.

2 kg Pellkartoffeln • ½ Glas Gewürzgurken
1 kleine Büchse Erbsen- und Möhrengemüse • 1-2 Äpfel • 500 g Jagdwurst
10 Eier, hart gekocht • ½ Glas Mayonnaise • 1 TL Salz • etwas Pfeffer
2 TL Zucker • Speck und Zwiebeln

☛ Alle Zutaten in ganz kleine Würfel schneiden, Eier etwas größer. Alles untereinandermengen. Etwas Gurkenwasser mit der Mayonnaise verquirlen und unterheben. Speck auslassen, Zwiebel darin leicht anbräunen und zum Schluß dazugeben.
(Die Kartoffeln lassen sich am besten schneiden, wenn sie ganz kalt sind. Es empfiehlt sich die Zubereitung einen Tag vorher, damit alles richtig durchziehen kann.)

SIRUPPLÄTZCHEN

In Schlesien aß man Plätzchen übrigens nicht nur in der Adventszeit, sondern sie bereicherten den Nachmittagskaffee das ganze Jahr über.

300 g Zuckerrübensirup • 50 g Butter • 75 g Zucker
300 g Weizenmehl • 200 g Roggenmehl • 1 Päckchen Backpulver
1 EL Kakao • 1 ½ TL Pfefferkuchengewürz
1 Ei • 5 EL kalter Kaffee • ½ unbehandelte Zitrone

☛ Sirup, Butter und Zucker erhitzen. Mehl, Backpulver, Kakao und Gewürz untermischen. Zu der abgekühlten Masse das Ei, den Kaffee, Zitronensaft und die abgeriebene Zitronenschale geben. Nach und nach das Mehl unterarbeiten und den Teig anschließend 1 Stunde ruhen lassen. Nicht zu dünn ausrollen, Plätzchen ausstechen, möglichst mit verquirltem Ei oder Milch bestreichen und bei starker Hitze 15 Minuten backen.
Es können auch zwei Plätzchen mit einer Lage Marmelade aufeinander gesetzt werden.

NEISSGRUNDER PFLAUMENKUCHEN

Teig: 100 g Zucker • 125 g Butter • 2 Eier
125 g Mehl • 40 g Speisestärke • ½ TL Backpulver
etwas abgeriebene Schale einer unbehandelte Zitrone

Füllung: 450 ml Milch • 1 Päckchen Puddingpulver Vanille
50 g Zucker • 250 g Schmand • etwas Zitronensaft

1,2 kg Pflaumen

Streusel: 80 g Mehl • 50 g Zucker
50 g gemahlene Haselnüsse • 60 g flüssige Butter
eine Prise Zimt • 1 Päckchen Vanillinzucker

☞ Die Teigzutaten gut vermengen und in eine gefettete Springform füllen. Aus Milch, Puddingpulver, Zucker und Zitronensaft einen Pudding kochen, etwas abkühlen lassen und den Schmand unterrühren. Entsteinte Pflaumen fächerartig auf dem Teig verteilen, Puddingmasse daraufgeben. Bei 170°C ca. 30 Minuten backen.

Aus Streuselzutaten dicke Streusel bereiten, auf dem vorgebackenen Kuchen verteilen und ca. 25 Minuten zu Ende backen.

NEISSGRUNDER OBSTTORTE

TEIG: 150 g Mehl • 65 g Zucker • 65 g Butter
1 Ei • 1 Päckchen Vanillinzucker • 1 TL Backpulver

FÜLLUNG: 500 g Quark (40% Fett) • 250 ml Sahne
4 EL Zucker • 2 Päckchen Vanillinzucker • 1 Päckchen Sahnesteif

Obst nach Wahl (z. B. frische Erdbeeren oder Sauerkirschen)

GUSS: 500 ml Saft • 2 Päckchen Tortenguß
4 EL Zucker • etwas Zitronensaft

☞ Die Teigzutaten gut verkneten und in eine gefettete Springform geben, bei 175 °C ca. 20 Minuten backen. Anschließend ganz auskühlen lassen. Die Zutaten für die Füllung mit dem Mixer aufschlagen und auf den erkalteten Boden geben. Mit Früchten nach Wahl belegen.
Tortenguß entsprechend der Packungsanleitung (je nach Früchten rot oder klar) kochen und über den Früchten verteilen. Kühl stellen!

Das Wunder von Albendorf

22 Kilometer nordwestlich von Glatz liegt der Gnadenort Albendorf, dessen Ruf in Schlesien, Böhmen und Mähren seit alter Zeit weit verbreitet ist. An der Stelle, wo heute die herrliche, vom Papst 1936 zur Basilika minor geweihte Wallfahrtskirche steht, ragte ehemals eine Linde aus der Erde. An dieser war ein Bild der Mutter Gottes angebracht und manch frommer Pilger schickte an dieser Stelle ein Gebet gen Himmel.

Täglich betete dort auch ein Mann, der ein großes Vermögen besaß, aber völlig erblindet war. Eines Tages hatte er eine wundersame Erscheinung. Er sah die Mutter Gottes in einem breiten Mantel auf sich zuschweben, ein sanftes Lächeln im zarten Gesicht. Andächtig schaute er die Erscheinung an und sah plötzlich das Bild und die alte Linde vor seinen Augen auftauchen.

In Dankbarkeit und zum Andenken an das Wunder seines zurückgewonnenen Augenlichts errichtete er an dieser Stelle einen steinernen Altar, der im Jahre 1218 seiner Wohltäterin geweiht wurde. Als das Wunder bekannt wurde, zogen von nah und fern leidende Menschen herbei und fanden Trost und Heilung.

An der Stelle des Altars wurde im Jahr 1263 die erste Albendorfer Kirche erbaut.

— Hochzeit von Elisabeth und August Frieben in Friedersdorf bei Glatz, 1926 —

Bäckermeister August Frieben aus Gellenau

Im heute zur Gemeinde Lewin Klodzki (deutsch Lewin, 1939–45 Hummelstadt) gehörenden, zwei Kilometer südöstlich von Kudowa Zdrój (deutsch Bad Kudowa) gelegenen Gellenau (heute polnisch Jeleniów) erinnert fast nichts mehr an die ehemaligen deutschen Bewohner und deren Schicksal.

Die nachfolgende Familiengeschichte ist eng mit der Geschichte des Ortes Gellenau verbunden. Der Ort wurde 1350 erstmals erwähnt. Durch Erbfall war die Gutsherrschaft ab 1721 im Besitz der Familie von Ullersdorf. 1748 ging alles an die Familie Haugwitz über und diese ließ das Schloß zu einem barocken Kleinod ausbauen. 1788 begann die Herrschaft der Familie Mutius, die Mitte des 19. Jahrhunderts das Schloß im Neorenaissance-Stil umbauen ließ. Seither trug das Schloß den Namen „Carlshof". Aus dieser Zeit stammen auch die riesigen Obstplantagen und die herrliche Parkanlage rund um das Schloß. Schloß und Gutsherrschaft blieben bis 1945 im Besitz der Familie Mutius.

Ein besonders bekannter Vertreter der Familie Mutius war der deutsche Diplomat Gerhard von Mutius, der Flügeladjutant des Deutschen Kaisers Wilhelm II. Gerhard von Mutius wurde am 6. September 1872 in Gellenau geboren und starb 1942 dort. Mutius stand bis 1931 im diplomatischen Dienst für Deutschland, zuletzt als Bevollmächtigter des Deutschen Reiches beim Völkerbund in Genf. Trotz seiner anspruchsvollen Tätigkeit als Diplomat fand Gerhard von Mutius Zeit, zahlreiche philosophische Bücher und Abhandlungen zu verfassen.

Die mehrfach ausgezeichnete Schriftstellerin Dagmar von Mutius ist seine Tochter. Sie verwaltete das Familiengut während des Zweiten Weltkrieges und mußte die Heimat, wie viele andere auch, 1946 nach Enteignung und Zwangsarbeit verlassen. In ihren Werken stellt die Schriftstellerin die Flucht und Vertreibung bewegend, aber ohne Klagen und Schuldzuweisungen dar.

An den Diplomaten Gerhard von Mutius erinnert sich die heute 80jährige Rita Grond, geb. Frieben, noch so lebhaft, als sei es gestern gewesen. Für Herrn von Mutius wurden extra gute Zigarren beim Großhändler in Glatz bestellt, er kam immer am Vormittag und holte sich seine Zigarre ab, spazierte dann durch den Ort und rauchte. Alle im Ort kannten ihn und die stattliche Erscheinung ist Rita Grond bildhaft in Erinnerung geblieben.

Familie Frieben, 1942
Mutter Elisabeth, die Kinder Rita, Rosemarie und Erna, Vater August

Die Familie Frieben selbst ist eine uralte preußische Familie mit eigenem Wappen, deren Stammbaum weit in die schlesische Geschichte zurückreicht. Rita Grond verlebte eine sehr schöne Kindheit in Gellenau: Hier gab es für Kinder immer etwas zu entdecken – das Schloß, die Schloßgärtnerei, eine große Schweinezucht, eine Reihe kleinerer Bauernwirtschaften und Friebens Bäckerei und Lebensmittelhandlung selbst. Bäckermeister Frieben war weithin geachtet.

Rita Frieben besuchte die Volksschule in Gellenau. Es war jedes Mal ein Festtag, wenn der Vater sie zu einer Geschäftsfahrt nach Glatz mitnahm. Leider mußte sie auf einer solchen gemeinsamen Fahrt miterleben, wie am 9. November 1938 auch in Glatz der Holocaust seinen schrecklichen Anfang nahm. Sie hat heute noch das Bild

Historische Ansichtskarte von Gellenau im Kreis Glatz, um 1930
Unten links Friebens Bäckerei. In diesem Haus wurden die Kinder geboren und hier starb auch der Vater. Aus diesem Haus wurde die Familie Frieben 1946 vertrieben.

der brennenden Glatzer Synagoge vor Augen. Der Vater konnte nur hilflos zuschauen und seine Tränen vor der Tochter nicht verbergen. Für die damals 10jährige Rita Frieben war es völlig unverständlich, wie Deutsche ab diesem Zeitpunkt mit jüdischen Mitbürgern umgingen. Das Gefühl der Hilflosigkeit und des Unverständnisses begleitete sie viele Jahre.

Der Zweite Weltkrieg begann und viele Schlesier fürchteten um das, was ihre Vorfahren in Generationen aufgebaut hatten. Deutschland brach zusammen und der Krieg, der von Deutschland ausgegangen war, überzog nun das eigene Land.

Die Rote Armee besetzte Schlesien und mit ihr kamen die Polen, die sich eine neue Heimat aufbauen wollten.

Was die damals zehnjährige Rita in Glatz verstört mit anschauen mußte, erlebte die jetzt 17jährige am eigenen Leib. Die Familie wurde gezwungen, die Bäckerei weiterhin unter erbärmlichen Bedingungen und unter strenger Aufsicht offen zu halten.

Der Vater starb am 15. Februar 1946 an einem Herzschlag. Die Bäckersfrau mußte

— Kinderfest in Gellenau 1938 —
Vorn links sitzend Rita Frieben

— Ende der Schulzeit für Rita Frieben —
Gellenau, 1942

nun allein mit ihren Kindern das Geschäft betreiben und die Rote Armee sowie die polnische Bevölkerung versorgen.

Wenige Monate später, am 14. Oktober 1946, wurde die Familie Frieben aus ihrem Haus und von ihrem Grundstück vertrieben. Der Familie blieb unter der Aufsicht polnischer Soldaten kaum Zeit, die wenigen Taschen und Koffer, die man pro Person mitnehmen durfte, zu packen.

Das Bild des Dorfes im Moment ihrer Flucht ist Rita Frieben noch in Erinnerung geblieben: Das Schloß mit dem angrenzenden Park und dem Sauerbrunnen, der für alle zur Verfügung stand, die Häuser, die Wege, auf denen sie radelte, ihr Gellenau, wo sie zur Schule ging und eine glückliche Kindheit verlebte ...

Nach der Wiedervereinigung der beiden deutschen Staaten ist Rita Grond schon einige Male in ihre alte Heimat gefahren, um ihre Erinnerungen aufzufrischen. Beim Anblick des zerfallenen Schlosses, in dem jetzt nur noch Fledermäuse hausen, und der bewohnten, jedoch einen verwahrlosten Eindruck hinterlassenden Häuser mag sich die harmonische Kindheitserinnerung nur schwer einstellen.

Geblieben ist aber ihre Vorliebe für die schlesische Küche. Rita Grond beschreibt ein Feiertagsmenü, selbstgemachte Nudeln, deren Herstellung von Generation zu Generation weitergegeben wurde. Sie erinnert sich noch sehr genau, daß diese Nudelsuppe in der Verwandtschaft und auch zu Hause immer eine besondere Familientradition war. Jeder wollte die beste Suppe kochen.

Die Hausküche der Familie Frieben, von Rita Grond aus der Erinnerung beschrieben

Wenn es einen besonderen Feiertag oder gar Kirmes gab, war immer ein Festmenü auf dem Tisch. Der erste Gang war eine schöne Rindfleischsuppe mit Nudeln, natürlich aus selbstgemachten Nudeln. Mehl

Ferienausflug mit den Schulkameraden nach Karlsberg-Heuscheuer, 1938

und Eier, frisch aus dem Nest genommen, wurden zu einem Teig verarbeitet, ausgerollt und getrocknet. Die Nudelflecke dann geschnitten, so wie man die Breite der Nudeln wollte. Das Nudelschneiden lernte meine Mutter von ihrer Mutter, und die wiederum von ihrer. In der Verwandtschaft wollte dann immer einer den anderen übertrumpfen.

Als zweiten Gang gab es gekochtes Rindfleisch, Sauerkohl und frisches Schwarzbrot, dazu eine Meerrettichsoße aus frisch geriebenem Meerrettich.

Der dritte Gang war Schweinebraten oder manchmal ein Rinderbraten mit Sauer- oder Rotkohl, dazu aber immer wieder die schlesischen Klöße.

Mutter machte die schlesischen Klöße von gekochten Kartoffeln. Ei und Mehl wurden unter die zerquetschten Kartoffeln gegeben, zu einer Rolle geformt und schräg geschnitten. Klöße vorsichtig ins kochende Salzwasser gleiten und leicht kochen lassen. Das war unser Festessen …

Oft waren Verwandte bei uns, das feine Porzellan und das gute Eßbesteck wurden herausgeholt und die Männer rauchten nach dem Essen eine gute Zigarre, wie sie für die Herrschaft im Schloß aus Glatz extra bestellt wurden.

Wir waren auch manchmal bei Verwandten zum Essen in Friedersdorf, nicht weit von Gellenau, und wir Kinder haben immer festgestellt, daß unsere Mutter doch am besten kochen konnte. Unser Vater war dann immer sehr stolz auf sie, wenn die anderen Frauen aus der Verwandtschaft sie ehrfürchtig fragten, wie sie denn das eine oder andere zubereitet habe.

DIE RINDFLEISCHBRÜHE DES FEIERTAGSESSENS
- Originalversion -

1,5 kg Knochen vom Rind • 1 kg Rindfleisch zum Kochen
2 Zwiebeln • 2 große Möhren • 1 Sellerie • 1 Kohlrabi
2 Stangen Porree • 5 Lorbeerblätter • 20 Pfefferkörner
Salz nach Belieben

☞ Am Vortag wurden die Knochen gehackt und in kaltes Wasser gegeben, einmal aufgekocht und das Wasser weggegossen. Die Knochen kalt abgespült und im kalten Wasser wieder angesetzt und leicht angekocht.
Jetzt wurde der Topf auf den Herdrand gestellt (der Herd wurde den ganzen Tag immer mit Holz befeuert). Die Knochen mußten den ganzen Vortag leicht köcheln.
Am Folgetag wurde in diese völlig ungewürzte, aber kochend heiße Brühe, die eine leicht bernsteinfarbene Farbe hatte, das gut abgewaschene Fleisch gegeben.
In einem gußeisernen Tiegel wurde das geschälte, in walnußgroße Stücke geschnittene Gemüse ohne einen Zusatz von Fettigkeit, angeröstet. Und dann mit den Gewürzen ebenfalls dazugegeben. Das Fleisch ließ man nun 2 Stunden in der Rinderknochenbrühe köcheln, dann wurde es herausgenommen und in einer Schüssel mit Deckel warmgestellt.
Die Brühe wurde durch ein Sieb gegossen und dann noch mal durch ein Baumwolltuch. Sie hatte jetzt eine kräftige bernsteinfarbene Farbe und schmeckte wundervoll nach Rindfleisch und Gemüse. Daran kamen dann die heißen, selbstgemachten Nudeln, die zuvor noch mal abgespült wurden.

Familie Frieben, die Eltern, Rita und Schwester Erna, 1937

Goldene Hochzeit von Ferdinand und Johanna Frieben, den Eltern des Bäckermeisters August Frieben, Februar 1938 in Friedersdorf

HAUSMACHERNUDELN VON ELISABETH FRIEBEN
- Originalversion -

200 g Weizenmehl • 150 g Hartweizengrieß
2 Eier • 12 EL Sonnenblumenöl

☞ Weizenmehl, das Öl, 3 Eßlöffel Wasser und den Hartweizengrieß vermischen, die beiden Eier daran geben, alles schön miteinander verkneten. Den Teig zugedeckt eine gute Stunde in einer Schüssel stehen lassen. Jetzt mit einer bemehlten Teigrolle ausrollen und noch eine Stunde trocknen lassen. Mit einem scharfen Messer schneiden und in sprudelndes Salzwasser geben. Aufkochen lassen und mittels eines Siebes abschöpfen. In ganz kaltes Wasser geben. Wieder mit dem Sieb herausholen und gut abtropfen lassen. Wenn die Brühe fertig abgeschmeckt ist und am Herdrand steht, gibt man die Nudeln für eine viertel Stunde hinein, sie dürfen nicht mehr kochen.
Manchmal machte die Mutter auch an den Nudelteig, statt des Wassers, fein gewiegten Spinat, dann wurden die Nudeln grün.
Einmal bekam die Mutter von einem Handelsvertreter ein kleines Tütchen Safran geschenkt, dieses ergab vorzüglich gelbe Nudeln.

SAUERKRAUT VON ELISABETH FRIEBEN
- Originalversion -

Im Hause Frieben wurde nie Weißkohl für Sauerkraut selbst angesetzt, sondern man kannte verschiedene Bauern, wo man schon Jahre das frische Sauerkraut und auch den frischen Rotkohl holte.

1,5 kg frisches Sauerkraut • 100 g Speck • 1 Zwiebel
¼ l Fleischbrühe • 1 große Kartoffel • 15 Wacholderbeeren
1 gestrichener Teelöffel Senfkörner • 15 Pfefferkörner
2 Lorbeerblätter

☛ Zwiebel und Speck ganz feinwürflig schneiden. Die Gewürze in ein Leinensäckchen geben und fest zubinden. Den Speck kroß anbraten und die Zwiebel dazugeben, nur glasig anschwitzen und dann das ungewaschene Sauerkraut darauf geben und alles vermischen. Jetzt die Fleischbrühe dazugießen und alles auf dem Herd durchkochen lassen, das Leinensäckchen dazugeben und den Topf noch eine halbe Stunde zugedeckt am Herdrand stehen lassen. Die Kartoffel schälen und fein reiben, unter das nun fertig gegarte Sauerkraut geben und den Topf noch einmal auf den Herd stellen. Kurz aufkochen lassen und das Leinensäckchen aus dem Sauerkraut nehmen.

SCHMORROTKOHL VON ELISABETH FRIEBEN
- Originalversion -

1,5 kg frischer Rotkohl • 2–3 möglichst saure Äpfel
1 Glas saurer Rotwein • 100 g Speck • 1 Zwiebel für den Speck
1 Zwiebel als gespickte Gewürzzwiebel • 200 ml Fleischbrühe
50 g Reis • 15 Wacholderbeeren • 15 Pfefferkörner
3 Lorbeerblätter • 12 Gewürznelken • 2 EL Weinessig
2 gehäufte EL Johannisbeergelee

—❧ Ausflug der Bäckerinnung nach Bad Reinerz, 1930 ❦—

☞ Vom Rotkohl die äußeren Blätter entfernen, vierteln und den Rotkohl mit einem großen schweren Messer fein schneiden. Die Äpfel werden geschält, das Kerngehäuse entfernt und in ganz feine Scheiben geschnitten. Rotkohl und Äpfel werden in eine große Schüssel gegeben, mit dem Rotwein mariniert und dann 3 Stunden an einen kühlen Ort gestellt.
In einem Topf wird der gewürfelte Speck braun angebraten und eine gewürfelte Zwiebel glasig geschwitzt, darauf kommt dann das marinierte Apfelrotkraut. In ein Leinensäckchen kommen die Gewürze und dies kommt mitten in das Apfelrotkraut, ebenso der Reis. Etwas Salz dazu und darüber die Fleischbrühe. Zuletzt kommt eine Zwiebel dazu, an die mit Gewürznelken die Lorbeerblätter gespickt werden. Eine gute Stunde köchelt der Schmorrotkohl, bis die Flüssigkeit verkocht ist. Am Ende kommt der Weinessig daran sowie das Johannisbeergelee.

RINDERSCHMORBRATEN NACH FRIEBEN-ART

2 kg Rinderschulter (keine Keule)
1 Flasche Rotwein, möglichst kein trockener
2 Möhren • 3 Zwiebeln • 1 Knolle Sellerie • 1 Strauß Petersilie
50 g Schweineschmalz (oder Speck) • 2 EL Tomatenmark
200 g Champignons oder Waldpilze • 1 Prise Zucker
Salz und schwarzer Pfeffer (nach Geschmack)
3 Pfefferkuchen • etwas Stärkemehl zum Binden der Soße

☛ Ausgelöste Rinderschulter auf dem Schneidebrett auslegen und mit kleingehackten Pilzen füllen. Anschließend Salz und Pfeffer darüber streuen. Zusammenrollen und mit Küchengarn festbinden. Mit Rotwein und dem kleingeschnittenen Gemüse in eine Schüssel geben, zudecken und an einen kalten Ort stellen. Nach 3 Tagen herausnehmen und abtupfen.
In einem Bräter wird Schmalz oder Speck angebraten, der Rinderbraten daraufgelegt und von allen Seiten schön angeschmort, dabei das Tomatenmark auf das Fleisch gestrichen, mit der Prise Zucker bestreut. Jetzt den Rotwein und das Gemüse dazugeben und den Bräter für eine gute Stunde in die Röhre, bei 150 Grad Ober- und Unterhitze, einstellen. Den Braten immer wieder wenden. Den Pfefferkuchen in kaltem Wasser einweichen und diese Masse dann zerdrückt in den Bratenfond geben. Wenn das Fleisch gar ist, herausnehmen und zugedeckt warm stellen.
Den Bratenfond mit etwas in kaltem Wasser angerührter Stärke binden. Alles durch ein Sieb geben und das Bratgemüse mit durchstreichen. Bei Bedarf nur mit etwas Pfeffer und Salz würzen.
Das Fleisch wird vom Küchengarn vorsichtig befreit, in fingerstarke Scheiben geschnitten und mit der Soße bedeckt serviert.

SCHWEINEBRATEN MIT DÖRRPFLAUMEN NACH MUTTER FRIEBEN

1 kg Schweinekamm • 200 g Dörrpflaumen
Salz • schwarzer Pfeffer • Kümmel • 50 g Speck zum Anbraten
2 bis 3 EL scharfer Senf • 2 Möhren • 3 Zwiebeln
1 Selleriekopf • 1 Flasche Apfelwein
je 20 Stück Wacholderbeeren und Pfefferkörner in einem Leinensäckchen
1 Rosmarinzweig • 2 Salbeizweige • etwas Speisestärke zum Binden

☞ Der Schweinekamm wird mit einem Wetzstahl längs durchstoßen. In diesen durch das ganze Fleisch gehenden Kanal werden die Dörrpflaumen nacheinander gesteckt. Dann wird das Fleisch mit Salz, Pfeffer und Kümmel gut eingerieben und in einem Bräter, in dem vorher der gewürfelte Speck angebraten wurde, von allen Seiten gut angebräunt. Während des Bratens streicht man den Senf auf das Fleisch.
Anschließend wird das fein gewürfelte Gemüse in den Bräter gegeben und alles bei 150 Grad Ober- und Unterhitze in die Röhre gestellt. Ca. eine Stunde braten, dabei wird der Schweinebraten immer wieder gedreht und mit dem Apfelwein angegossen. Nach knapp einer halben Stunde werden bereits die Gewürze, welche in einem Leinensäckchen sind, sowie der Rosmarin- und die Salbeizweige hinzugeben. Wenn das Fleisch gar ist, wird es herausgenommen und zugedeckt an den Herdrand gestellt.
Die Soße wird mit der in kaltem Wasser angerührten Speisestärke gebunden und mit dem Gemüse durch ein Sieb gestrichen.

Dieses Gericht hat seinen Ursprung darin, daß viele Bauern ihr überflüssiges Obst ins Geschäft des Vaters brachten und er dann nicht wußte, was er mit den Pflaumen und dem Apfelwein machen sollte. Oft kam er am Feiertag in die Küche, während der Braten in der Röhre schmorte, und gönnte sich ein Glas vom Apfelwein, der eigentlich zum Angießen bereit stand. Mutter stellte deshalb vorsorglich eine zweite Flasche in Herdnähe.

DIE MEERRETTICHSOSSE NACH MUTTER FRIEBEN
- Originalversion -

1 kleine Zwiebel • 3 EL Butter • 3 EL Mehl
3/8 l heiße Fleischbrühe • 4 EL frisch geriebener Meerrettich
1 TL Zitronensaft • 1 TL Zucker • 1/8 l Sahne
Salz • weißer Pfeffer

☞ Zwiebel sehr fein hacken. Butter erhitzen und Zwiebel glasig braten. Mehl hineinstäuben und unter Rühren hellgelb werden lassen. Nach und nach die heiße Fleischbrühe einrühren, 8 Minuten bei kleiner Hitze köcheln lassen. Meerrettich, Zitronensaft und Zucker zugeben und Soße glatt rühren. Zuletzt die Sahne einrühren. Topf vom Herd nehmen und die Soße mit Salz und Pfeffer abschmecken.

QUARKNOCKEN AUF HOLUNDER-HONIGSOSSE

250 g Quark • 3 Eier • 4 EL Semmelmehl
2 EL Zucker • 1 Prise Salz
200 g Holunderbeeren (oder 200 ml Holundersaft aus dem Reformhaus)
5 EL Honig

☞ Den Quark in ein Leinentuch geben und abtropfen lassen. Die Eier trennen und das Eigelb, Semmelmehl und Zucker zusammenrühren. Das Eiweiß schlagen, bis es fest ist, und unter die Quarkmasse heben. Wasser mit einer Prise Salz zum Kochen bringen.
Die Quarkmasse mit zwei befeuchteten Eßlöffeln abstechen und in das sprudelnde Wasser gleiten lassen.
Die frischen Holunderbeeren abzupfen und abwaschen. In einen Topf geben und erhitzen, fast zerkochen lassen, mit dem Pürierstab zerkleinern und durch ein Sieb streichen. Den Honig dazugeben und alles noch mal erhitzen. Auf flache Teller geben und die Quarknocken darauf legen.

Ein überflüssiges Kind

… Dies allein war wichtig, vor dem Andrang der großen Trecks an diesem 8. Mai vorwärtszukommen. Das Rübezahlgebirge, das man meinetwegen auch die Festung unserer Geborgenheit hätte nennen können, ließen wir zurück. Wozu sich erinnern. Wir wollten so hart sein, wie wir es von den Pferden verlangten, so hart wie die Erde hier, die uns trotz unserer Zugehörigkeit preisgab. – Ich sehe die Linden auf der Feldhöhe, die man weit aus Böhmen kommend schon erkennt, und ich weiß auch, daß der heilige Wendelin aus Stein dort steht. Der Beschützer der Hirten und Bauern. Das Land ist weiter und großartiger für mich geworden, nicht weil Erinnerung alles vergoldet, wie es oft heißt. Unverändert ist die Landschaft geblieben, nahezu abweisend gegenüber dem, was man Heimat nennt. Die Hoheit meines gleichmütigen Landes ist es, die mich anderswo nicht mehr zu Hause sein läßt. Damals aber wollten wir hart mit uns sein, um wegzukommen. Davon wollte ich erzählen. Schon mittags in der Stadt jenseits des Gebirges waren die Straßen und der Marktflecken verstopft mit zurückflutendem Militär, Treckwagen, Traktoren, Pferden und Vieh. Die Kinder fanden es lustig, daß wir Brathuhn mitten in der Woche aßen und Kuchen, und daß der kleine weiße Hund auch so viel zu essen bekam, wie er wollte.

Wir sagten, Joachim, unser Großer hätte doch heute Geburtstag. Joachim war stolz darauf, nichts zu diesem siebten Geburtstag bekommen zu haben, außer Kuchen und Brathuhn. Es war ungewiß, ob man nicht mit einem solchen Geburtstag unterwegs einige Jahre übersprang. Man war dann bald so alt wie die fünfzehnjährigen Panzerfaustschützen, die auf Lastwagen laut singend vorbeifuhren. – Sie fuhren an eine Front, die nachträglich in der Richtung nicht mehr festzulegen ist. – Die Lastwagen rasten vorbei, und die Treckzüge hatten alle Not, in den Dreier- und Viererreihen nicht aneinander zu fahren.

Von einem überfüllten Treckwagen fiel ein überflüssiges Kind. Ich nehme an, daß es überflüssig war, denn niemand merkte es, und der Gespannführer hatte Eile, in der Treckschlange zu bleiben. Man konnte sich nicht mehr einreihen, wenn die Kette der Wagen sich wieder schloß. Auch die Frauen auf dem Wagen müssen nur nach vorn geblickt haben. Oder eben das Kind war nur aufgelesen, um wieder verlorenzugehen. Ein Trecker mußte scharf wenden und überfuhr den Fuß des Jungen. Niemand wußte, was mit einem überflüssigen Kind geschehen sollte, das überfahren und schreiend den Weg für die Wagen versperrte, die vorwärts wollten. Es schrie wohl wegen des zerquetschten Fußes, nicht weil es überflüssig war, obwohl es mit ihm nicht mehr vorwärts gehen würde. Meine ältere Schwester nahm den Jungen hoch und trug ihn aus dem Weg in ein Haus hinein. Häuser stehen da, als gewährten sie Schutz. Es war niemand mehr in dem Haus, nur eine alte Frau. Sie blieb zurück. Man nimmt an, daß zwei Überflüssige zusammen eine Notwendigkeit füreinander ergeben. – ...

Aus: Einladung in ein altes Haus.
Geschichten von Vorgestern.
Von Dagmar von Mutius

In der großen Nacht

Wir haben die Gewißheit, daß die Bäume, Wege und Felder es sind, die uns helfen, weil wir jede ihrer Furchen kennen und wissen, daß in dem alten Wald unserer Kindheit und auf den Feldern, die wir bearbeiteten, uns kein Schaden treffen kann. Wie wäre es sonst geschehen, daß vor der Aussiedlung so viele Deutsche unbeschadet in die Tschechei flüchten konnten, trotz strenger Grenzbewachung? Das sind Nächte, in denen keiner schläft, und viele gehen als Führer einige Male in einer Nacht über die Grenze: die Trupps der unbekannten Menschen aus anderen Gebieten Schlesiens oder Polens, die angstvoll ihren sicheren Schritten folgen, gleiten durch die dichte Postenkette lautlos wie ein Schatten.

In der Osternacht läßt uns ein tschechischer Bauer an die Grenze kommen. Wir wissen nicht, was er von uns will. Aus der Dunkelheit des Dickichts tritt er riesengroß und schweigsam zu uns. Einen Sack mit Brot und Fleisch, Mohn und Mehl trug er für uns von seinem fernen Dorf her. „Heut die große Nacht, wir wollen Gutes tun." Er sagt es auf tschechisch und wir verstehen ihn. Die große Nacht, die Osternacht. Erst als er von seinem Grenzstein erkennt, daß wir heil und ungehindert den Heimweg gehen können mit unserer guten Last, sehen wir ihn wieder in die Tiefe seines böhmischen Waldes zurückkehren. Einer, der weiß, worum es geht in der Welt.

Bericht April 1946, aus:
Einladung in ein altes Haus.
Geschichten von Vorgestern.
Von Dagmar von Mutius

Martha Krebs vor ihrem Elternhaus in Ludwigsdorf, Hochzeit mit Rudolf Krebs

Die Geschichte von Martha Krebs aus Ludwigsdorf
(von ihr selbst erzählt)

Ich bin 1923 im schlesischen Ludwigsdorf geboren. Ich war die Jüngste von sieben Kindern. Meine Eltern haben in Ludwigsdorf/Koloniehain Kreis Glatz gewohnt. Der Vater ging zur Arbeit ins Bergwerk, ich als die jüngste Tochter mußte immer bei unserer kranken Mutter bleiben. Von ihr lernte ich viel über die Haushaltsführung.

Meine Eltern hatten 12 Morgen Landwirtschaft, drei Kühe, jedes Jahr zwei Schweine und Ackerland. So haben wir im Herbst und im Frühjahr immer ein Schwein geschlachtet. Dazu kam extra ein Schlachter zu uns.

Das Fleisch wurde gebraten und eingekocht: Wurstsorten im Darm und auch in Gläser eingekocht. Pökelfleisch eingesalzen, Schinken und Schinkenspeck geräuchert. Es mußte ja reichen, bis das andere Schwein schlachterreif gefüttert war.

Auf die Festtage habe ich mich immer sehr gefreut, denn da wurde stets etwas Gutes gekocht. Zum Beispiel gab es eine Nudelsuppe als Vorspeise, danach den Rinderbraten oder Gänsebraten mit Rotkohl oder Erbsen und Möhrengemüse. Am Heiligabend oder an den Weihnachtstagen gab es Mehlsuppe von Milch mit Mandeln und Rosinen und nach der Bescherung den Christstollen.

Zu Ostern wurde Lammbraten mit Sauerkohl oder Grünkohl bereitet. Zum Kaffee gab es meistens den guten Sandkuchen. Im Sommer standen oft Hefeklöße mit Vanillesoße oder Backobst auf dem Speisezettel. Biersuppe, Brotsuppe, Kürbissuppe, Erbsensuppe mit Schweineohren – das waren die Suppen, die im Alltag auf den Tisch kamen.

Geburtstage wurden festlich begangen. Zum Kaffee gab es Mohnkuchen und zum Abendbrot immer den berühmten Kartoffelsalat mit viel Gemüse, Möhren, Äpfeln, sauren Gurken, Kartoffeln – alles schön klein gewürfelt, mit Mayonnaise und gut gewürzt. Dazu gab es Bockwurst oder Wienerle. Schöner, bunter schlesischer Kartoffelsalat – den mache ich heute noch in meiner jetzigen Heimat im Harz. Immer wieder werde ich nach dem Rezept gefragt, nach der Zubereitung und den Zutaten.

In Ludwigsdorf habe ich in der Jugendzeit in der Nachbarschaft zwei Jahre im Haushalt mit geholfen, im Sommer war ich auf dem Feld und im Winter im Stall. Im

—❧ Martha Krebs als Köchin ❦—
in der Betriebsküche in Hasselfelde

Herbst 1946 kam die Evakuierung. Das war eine schlimme Zeit. Wir mußten die Heimat verlassen und kamen nach Hasselfelde im Harz. Dort habe ich im Sägewerk im Schichtbetrieb angefangen zu arbeiten.

Hier im Harz habe ich auch meinen späteren Mann, Rudi Krebs (1924–1979), kennengelernt, 1953 haben wir Hochzeit gefeiert. Am 1. August 1953 wurde unsere Tochter Barbara geboren. 1955 kam unsere zweite Tochter Renate zur Welt. Zwei Jahre später wurde mein Mann so krank, daß er arbeitsunfähig wurde. Von seinem Leiden wurde er im November 1979 endlich erlöst. 1958 bekam ich in Halberstadt eine Stelle als Hauswirtschaftshilfe, ab 1963 als Köchin in der Betriebskantine des VEG Tierzucht Hasselfelde. 1980 bin ich zu einer meiner Töchter gezogen.

Seit 1988 bin ich Rentnerin. Ich habe nun viel Zeit nachzudenken und Jugend-

—✥ Besuch in Ludwigsdorf ✥—
Martha Krebs mit der neuen Eigentümerin ihres Elternhauses, 1995

erinnerungen nachzuhängen. Zum Pfingstfest sind wir in Schlesien immer viel gewandert, das war etwas für die Jugend. Wir sind bis zum sogenannten Spitzberg spaziert. Von seinem Gipfel hatte man eine gute Sicht in die weitere Umgebung und konnte die Kolonien überblicken. Man sah sogar das Eulengebirge ... Da wollten wir immer mal hin, aber es kam dann nicht mehr dazu. Heute bin ich zu alt, um hinzufahren. Aber die Sehnsucht nach Schlesien lebt weiter.

LUDWIGSDORFER SANDKUCHEN
(moderne Art – mit Küchenmaschine)

250 g Butter • 50 g Zucker • 1 Päckchen Vanillezucker • 4 Eier
125 g Mehl • 125 g Speisestärke • 1 TL Backpulver • Butter-Vanille-Aroma

☛ Für Sandkuchen weiche Butter (Zimmertemperatur) in eine Rührschüssel geben. Zucker und Vanillezucker zufügen und mit dem Quirl auf höchster Stufe einige Minuten schaumig rühren. Nach und nach jeweils ein großes Ei aufschlagen, zufügen und mit der Butter gut verrühren. Erst wenn das Ei vollständig von der Butter aufgenommen wurde, das nächste Ei zufügen. In einer Schüssel Mehl mit Speisestärke und Backpulver mischen. Küchenmaschine auf niedrige Stufe stellen und die Mehlmischung eßlöffelweise unter die Buttermischung rühren. Mit einigen Tropfen Butter-Vanille-Aroma würzen.

Backofen auf 180°C vorheizen. Eine Kastenform mit etwas Fett ausstreichen und mit Backpapier auslegen. Den Teig vom Sandkuchen einfüllen und glattstreichen. Kastenform auf die mittlere Schiene in den vorgeheizten Backofen schieben und bei 180°C ca. 60 Minuten backen. Nach dem Backen die Form herausnehmen und die Form stürzen. Die Kastenform abnehmen und das Backpapier vorsichtig vom Sandkuchen abziehen. Sandkuchen vollkommen abkühlen lassen. Wer mag, bestreicht den Sandkuchen noch mit Zuckerguß. Dafür Puderzucker mit wenig Wasser oder Zitronensaft glatt verrühren und auf den kalten Sandkuchen streichen.

SCHLESISCHER KARTOFFELSALAT NACH MARTHA KREBS
- Originaltext -

1 kg Salatkartoffeln • 1 Sellerieknolle
1 lange Petersilienwurzel • 3 Möhren • 2 säuerliche Äpfel
250 g Erbsen (Konserve oder auch TK-Ware)
2 hart gekochte Eier • 4 saure Gurken (evtl. mehr) • 2 Zwiebeln
3–4 EL Weinessig • Salz • Pfeffer • 250 g oder etwas mehr Mayonnaise

☞ Die Kartoffeln in Salzwasser weich kochen, abgießen und noch warm pellen, in Würfel von ca. 0,5 cm Kantenlänge schneiden. Während die Kartoffeln kochen, den Sellerie, die Petersilienwurzel und die Möhren weich kochen. Sie sollten allerdings noch bißfest sein, ebenfalls in feine Würfel schneiden. Äpfel schälen, Kerngehäuse entfernen, klein würfeln. Die hartgekochten Eier grob hacken. Die Gurken würfeln. Die Zwiebeln abziehen und fein hacken. Alle Zutaten gründlich miteinander vermischen und mit Weinessig, Salz, Pfeffer und Mayonnaise vermengen. Der Salat sollte etwa einen Tag ziehen, bevor man ihn serviert. Nach 12 Stunden und kurz vor Auftragen noch einmal mit Essig, Salz, Pfeffer und Mayonnaise abschmecken.

Dieser Kartoffelsalat eignet sich gut als Beilage zu Würstchen oder kaltem Braten. Man kann die Zutatenmengen je nach Geschmack variieren, vor allem den geschmacksintensiven Sellerie oder die sauren Gurken.

LUDWIGSDORFER MEHLSUPPE

200 g Roggenschrotmehl (Reformhaus) • 3 Knoblauchzehen
je 1 Prise Salz und Zucker • 1 Handvoll Steinpilze, getrocknet
2 EL Sahne • 1 Knoblauchzehe, fein gehackt
3 hart gekochte Eier • schwarzer Pfeffer, frisch gemahlen
Zitronensaft • Majoran • Piment

☛ 1 Liter Wasser kochen und abkühlen lassen. Das Mehl und den Knoblauch in einen Steinguttopf geben, etwas Salz und Zucker nach Geschmack und die Pilze dazugeben, mit dem abgekochten Wasser übergießen. Den Topf mit einem sauberen Geschirrtuch abdecken und für 3–4 Tage an einen kühlen Ort stellen. Der fertige Sauerteig sollte angenehm säuerlich und nicht faulig riechen. 500 ml Sauerteig mit 1 Liter heißem Wasser vermengen, etwas frischen Knoblauch, Sahne und die Gewürze hinzufügen und aufkochen. Mit hart gekochten Eiern servieren. Man kann auch gekochte und in Scheiben geschnittene Wurst, Rippchen, Speck, Zwiebeln oder gekochte Kartoffeln hinzufügen.

SCHLESISCHE MEHLSUPPE, WIE SIE IN LUDWIGSDORF AUCH GEKOCHT WURDE
- Originaltext -

500 ml Milch • Salz • 40 g Mehl
20 g Butter • 1 Eigelb

☛ Die Milch mit 1/4 l Wasser verdünnen und mit etwas Salz zum Kochen bringen. Mehl mit 1/4 l kaltem Wasser anrühren und in die kochende Flüssigkeit geben. Nach 10 Minuten Kochzeit die Butter dazugeben und die Suppe mit dem verquirlten Eigelb abziehen. Man kann auch Zimt und Zitronenschale mitkochen.

—❧ Otto Exner, um 1910 ❦—

Otto Exner – der Koch aus Habelschwerdt

Otto Exner kam am 3. März 1880 in Habelschwerdt (heute polnisch Bystrzyca Kłodzka) als ältester Sohn von drei Kindern des Ehepaares Otto und Erika Exner, geborene Wolf, zur Welt. Der Vater arbeitete in der Seilerei seines Vaters Gustav Exner in Schönfeld bei Habelschwerdt. Die Familie lebte mit ihren Kindern im Elternhaus von Erika Exner in Habelschwerdt.

Die Familie Wolf besaß eines der größten Kauf- und Versandhäuser in Habelschwerdt. So war es möglich, einem Großteil der Familie im eigenen Unternehmen Verdienstmöglichkeiten zu verschaffen. Hier im Kaufhaus gab es verschiedene Abteilungen: Kleidung für alle – von groß bis klein, Haushaltswaren und Küchengeräte sowie Spielwaren.

Besonderes Augenmerk legte Fritz Wolf jedoch auf seine Lebensmittel- und Feinkostabteilung. Hier half zum Leidwesen seines Vaters der älteste Sohn Otto schon als Schulkind gern aus. Für die großväterliche Seilerei, die er nach dem Wunsch des Vaters übernehmen sollte, zeigte der Junge kein Interesse.

—❦ Historische Ansichtskarte von Habelschwerdt, 1910 ❦—

Nach seinem Schulabschluß besuchte Otto Exner die kaufmännische Privatschule A. Jung in der Grünen Straße, gegenüber des Habelschwerdter Gymnasiums. Er erwarb grundlegende Kenntnisse in Buchführung, Bilanzrevision und erhielt Einblick in Steuer- und Rechtsmittelbearbeitungen.

Mit 18 Jahren lernte der junge, gut aussehende Otto Exner bei einem Tanzvergnügen in Glatz Hertha, die Tochter des Glatzer Hotelbesitzers Wickel, kennen. Der junge Mann fand schnell Aufnahme in die Familie. Otto Exner entdeckte durch den Kontakt zur Hoteliersfamilie seine Leidenschaft fürs Kochen. Emil Höhne, der junge Koch bei Wickel, war ihm dabei Vorbild und Ansporn.

Emil Höhnes schlesische Pfefferkuchensoße war stadtbekannt und im Glatzer Hof als Spezialität auf der Speisekarte zu finden. Etwa um 1900 verließ Emil Höhne seine Wirkungsstätte in Glatz und ging nach Breslau. Im Hotel Monopol, einem der führenden Häuser in Breslau, stieg er bald zum Küchenchef auf.

Von seinem Vorbild Emil Höhne lernte der junge Otto Exner, ein Rezeptbuch zu führen. Erfreulicherweise durfte ich bei der Erarbeitung des vorliegenden Bandes einen Blick in die Sammlung werfen und entdeckte hier auch das Rezept für die schlesische Pfefferkuchensoße, die bis heute in vielen Speisekarten zu finden ist und als schlesische Spezialität gilt. Dieses und zwei weitere Rezepte habe ich aus Otto Exners Kochbuch übernommen, das mir die Familie Grünert aus Magdeburg aus dem Nachlaß des Großvaters übergab.

Bis 1905 war Otto Exner im Wickelschen Hotel in der Glatzer Mälzstraße tätig. Am Ende seiner Zeit in Glatz hatte er sich auf allen Gebieten in dem gutbürgerlichen Hotel eingearbeitet. Allerdings hatte sich die Liebe zu Hertha Wickel abgekühlt, sie trennten sich. Mit einem ausgezeichneten Gesellenbrief und sehr guten Referenzen versehen, nahm Otto Exner eine Arbeit in Breslau auf. Der Briefkontakt zu Emil Höhne hatte über die Jahre weiterhin bestanden und so trat Otto Exner als dritter Koch im Hotel Monopol in Breslau seine neue Arbeitsstelle an.

Familie Grünert erzählte, daß sich der Großvater in die junge Büroangestellte Herma Wollters verliebt hatte, die beim Glatzer Kohlenhändler Casper in der Königshainer Straße angestellt war. Herma ging gemeinsam mit Otto Exner nach Breslau. Durch die Vermittlung Emil Höhnes bekam das Paar sofort eine kleine Wohnung in Breslau, nahe beim Blücherplatz.

1928 starb Herma an einem Virus, der im Frühjahr 1928 in Breslau sehr verbrei-

Die Familie Exner um 1890 im Garten des Habelschwerdter Hauses. Der Junge im dunklen Anzug in der vorderen Reihe ist Otto Exner.

tet war. Den Verlust seiner Frau hat Otto Exner lange Zeit nicht verwunden.

Sein gekochter Salm in schlesischer Pfefferkuchensoße und Menüfolgen zu besonderen Anlässen waren sehr beliebt und machten ihn weit über Breslau hinaus bekannt.

Der 55jährige Otto Exner, jetzt schon diplomierter Küchenmeister, ging Anfang 1935 als Küchenchef ins Haus „Oberschlesien" nach Gleiwitz (polnisch Gliwice). In diesem mondänen Restaurant traf sich die Oberschicht von Gleiwitz und Umgebung. Hier lernte Otto Exner Gerlinde Grünert (1886–1961) kennen, die im Haus „Oberschlesien" als Hausdame angestellt war. Bereits im März 1935 wurde auf einer heimlichen Reise geheiratet.

Gerlinde Grünert stammte aus Magdeburg und hatte dort einen großen Verwandtenkreis. Ab 1936 fuhren die beiden sehr oft mit Ottos Auto nach Magdeburg

Breslau, Blücherplatz mit städtischer Sparkasse und Blick auf das Rathaus, 1936

und waren bei Gerlindes Schwester Hildegard Seiler und deren vier Kindern zu Gast. Hildegards Mann, Richard Seiler, war 1934 beim Autobahnbau ums Leben gekommen.

Bald nahmen Otto und Gerlinde für die vier Halbwaisen die Rolle der Großeltern ein und sie taten dies sehr großzügig und gern. Obwohl Otto Exner schon seit beinahe 60 Jahren tot ist, erinnern sich die Enkel noch an Opa Otto.

Im Frühsommer 1943 siedelte das Ehepaar Gerlinde und Otto Exner nach Magdeburg über und bezog eine winterfeste Gartenhütte nahe der Elbe. Gerlindes Magdeburger Verwandtschaft lernte in der Kriegszeit die hohe Kunst von Otto Exner schätzen, aus Wenigem viel zu machen.

Im Januar 1945 floh Otto Exner vor der drohenden Einberufung zum Volkssturm zu einem Küchenmeister nach Braunlage in den Harz. In einer versteckten Berghütte schrieb er Erinnerungen und Rezepte auf. Endlich konnte er seinen Lebenstraum verwirklichen, einen gastronomischen Leitfaden für den Berufsnachwuchs zu schreiben.

Gerlinde Exner wartete über ein Jahr lang verzweifelt auf eine Nachricht von ihrem Mann. Erst im Februar 1946 stand er eines Abends zerlumpt, körperlich und seelisch schwer verletzt vor ihr. Auf dem Rückweg nach Magdeburg war er ausgeraubt und schlimm verletzt worden. Nur langsam erholte sich Otto Exner wieder von den Folgen dieser schweren Zeit. Am 7. Oktober 1949, am Gründungstag der Deutschen Demokratischen Republik, starb er. Sein sehnlichster Wunsch, Schlesien noch einmal wiederzusehen, erfüllte sich nicht mehr.

OTTO EXNERS PFEFFERKUCHENSOSSE

500 g Pfefferkuchen (auch alte, vom Weihnachtsfest übrig gebliebene)
4 Flaschen Malzbier (mindestens 1 Liter) • 1 Sellerieknolle
1 Petersilienknolle • 3 Möhren • 2 Stangen Porree
2 EL Öl (Empfehlung des Autors: Walnußöl)
Salz und weißer Pfeffer (nach Geschmack) • Gewürzkörner
Nelken • Lorbeerblatt • 30 g Butter
unbehandelte Zitrone (Saft und Schale)
1 Prise Knoblauch (etwas zerstoßene Knoblauchzehe)

☛ Den Pfefferkuchen in Bier einweichen. Das Gemüse feinwürflig schneiden. Das Öl in einen Topf geben und das Gemüse darin etwas anbraten. Mit soviel warmem Wasser aufgießen, daß das Gemüse bedeckt ist. Jetzt die Gewürze dazugeben und alles zugedeckt eine halbe Stunde köcheln lassen.
Den in Bier eingeweichten Pfefferkuchen mit dem Pürierstab pürieren und zu dem Gemüse geben. Noch einmal alles aufkochen und dann durch ein Sieb streichen. Zum Schluß die Butter, die abgeriebene Zitronenschale, etwas Zitronensaft und ein wenig Knoblauch zugeben. Nichts darf vorschmecken!

Diese Soße gab es zu Würstchen mit Kartoffeln und Sauerkraut – also ein typisch schlesisches Essen! Otto Exner reichte aber die einfache Soße zu dem edlen Rheinsalm und erntete damit großes Lob!

Historische Ansichtskarte Haus Oberschlesien, Gleiwitz 1929

OTTO EXNERS SCHLESISCHE MOHNKLÖSSE

250 g Mohn, gemahlen • 1 l Milch • 200 g Zucker
100 g Rosinen • 100 g Mandeln • 500 g altbackene Semmeln

☛ Den Mohn in einem halben Liter Milch, mit der Hälfte des Zuckers und den Rosinen aufkochen. Dann vom Herd ziehen und eine halbe Stunde quellen lassen. Die geschälten Mandeln fein hacken und zum Mohn geben, umrühren.
Die Semmeln in fingerdicke Scheiben schneiden. Den Rest Zucker mit dem Rest Milch verrühren und die Semmelscheiben damit tränken. Den gut gequollenen Mohn abwechselnd mit den Semmelscheiben in eine Glasschüssel schichten. Dann mit einer Folie abdecken und an einem gut gekühlten Ort einen halben Tag aufbewahren.
Zu diesen Mohnklößen wurde meist ein schwerer Glühwein serviert.

OTTO EXNERS SCHLESISCHER MOHNSTRIEZEL

Für diesen Striezel war Otto Exner bekannt und gerade im Haus Oberschlesien wurde diese Spezialität sehr häufig für Fabrikantenhaushalte gebacken.

Zutaten für den Teig:
30 g Hefe oder eine Tüte Instanthefe
100 g Zucker • 1/8 l Milch • 500 g Weizenmehl
50 g Margarine • 1 Prise Salz

Zutaten für die Füllung:
50 g Rosinen • etwas Rum • 250 g Mohn (blau) • 125 g Zucker
1 Ei • 1 Prise Zimt • 1 TL Zitronensaft

☞ Die Rosinen in etwas Rum einweichen. Das Mehl in eine hohe Schüssel geben. Eine Mulde ins Mehl drücken, die zerbröckelte Hefe in der warmen Milch darin anrühren. Vorsichtig das Hefe-Milch-Gemisch mit dem Mehl vermengen. Die Schüssel zugedeckt an den Herdrand stellen. Nach ca. 20 Minuten sollte der Teig leichte Bläschen schlagen.
Die Margarine leicht erwärmen und mit dem Salz und Zucker zum Teig geben. Jetzt kräftig alles mit der Hand verkneten, bis der Teig wiederum größere Blasen schlägt. Jetzt den Teig nochmals an einem warmen Ort gehen lassen.
Für die Füllung den Mohn mit kochendem Wasser überbrühen und in einem feinmaschigen Sieb abtropfen lassen. Dann den Zucker, Ei, Zitronensaft und die Rosinen dazugeben und alles gut verkneten.
Den Teig ausrollen und mittig mit der Mohnfülle belegen. Die Teigseiten wie zu einem Stollen über der Fülle zusammenlegen und den Striezel auf ein gefettetes Blech heben.
Bei 150° C Umluftbitze den Mohnstriezel mindestens eine halbe Stunde backen. Noch heiß mit einer dicken Schicht Puderzucker bestreuen.

Familie Krug nach der Vertreibung in Jena, 1950

Damals in Jägerndorf – Manfred Krug erinnert sich an Schlesien

Das Ehepaar Krug wohnt heute in Weida und genießt den wohlverdienten Ruhestand. Trotz seiner fast 80 Jahre fährt Manfred Krug noch weite Strecken mit dem Rad. Auf einem seiner Ausflüge lernte ich den rüstigen Rentner und ehemaligen Berufsschullehrer kennen. Wir kamen schnell ins Gespräch und in die Diskussion über erlebte Zeitgeschichte. Manfred Krug erzählte von seiner schlesischen Heimat. Ich bat ihn, alles zu Papier zu bringen.

Schlesien – meine Heimat

Schlesien ist ein Land mit fruchtbaren Böden und wichtigen Bodenschätzen wie Kohle, Eisen und Kupfer. Grund genug, daß sich bereits im Mittelalter Österreich und Preußen um Schlesien stritten. So kam es 1742 zur Schlacht bei Mollwitz, Kreis Brieg. Das preußische Heer besiegte unter Führung von Friedrich II. die Österreicher. In Folge gehörte Schlesien zu Preußen. Das

Land entwickelte sich bis 1939 zu einem blühenden kulturellen und wirtschaftlichen Bestandteil des Deutschen Reiches. Im Südosten gab es die reiche oberschlesische Industrieregion mit Steinkohle, Metallindustrie und Zementproduktion. Im Zentrum die Stadt Breslau, mit vielseitiger Industrie und der alten Universität. Die Oder als schiffbarer Fluß begünstigte den Transport aus dem oberschlesischen Industrierevier per Schiff in andere Länder.

Ergänzt wurden die Transportmöglichkeiten durch einen zweigleisigen Schienenstrang ins Herz des Deutschen Reiches, nach Berlin. Auch die Reichsstraße Nummer 5, die durch ganz Schlesien über Oppeln, Brieg und Breslau nach Frankfurt an der Oder und bis Hamburg führte, begünstigte den schnellen Transport der Erzeugnisse.

Die Böden links und rechts der Oder waren sehr fruchtbar. Sie eigneten sich bestens für den Anbau anspruchsvoller Getreidesorten und später den Anbau von Zuckerrüben. In Brieg errichtete man die erste deutsche große Zuckerfabrik, hier erfolgte die industrielle Produktion von Rohrzucker aus Zuckerrüben. Rund um Brieg herum entstanden wohlhabende Bauerndörfer.

In einem dieser Dörfer lebte ich bis zum 22. Januar 1945 – in Jägerndorf! Zu dieser Zeit hatte sich die Sowjetarmee der Oder bereits bis auf wenige Kilometer genähert. Meine Mutter schloß sich mit meinen Geschwistern Lydia, Norbert und mir dem in wenigen Stunden abgehenden Flüchtlingstreck an.

Die psychischen und physischen Belastungen sind allen lebenden Vertriebenen noch heute in Erinnerung. Die Pferde und Wagen aus unserem Dorf waren ja für das flache Land bestimmt und der Fluchtweg führte über das Gebirge in Richtung Westen. Bei Schnee und Eis und Minus 20°C waren die Steigungen des Gebirges nur unter größten Anstrengungen und Verlusten zu bewältigen. Unsere Vertreibung endete für die Familie, nach zeitweiser Trennung, in Thüringen. Jena und Umgebung wurde unsere neue Heimat.

In langen Gesprächen erzählt mir Manfred Krug von seiner Kindheit, von Jägerndorf und auch von der nahen, großen Stadt Brieg. Unter anderem erinnert er sich, daß man in Breslau die Brieger auch „Brieger Gänse" nannte – damit waren im schlesischen Volksmund die Eisschollen gemeint, die von Brieg auf der Oder trieben.

Er berichtet von den Hasenjagden, die er als Kind miterlebte, denn als Treiber wurden auch die Kinder eingesetzt, vom Streuselkuchen mit dem feinen Buttergeschmack und vom schlesischen Mohnkuchen, den seine Oma und auch seine Mutter vorzüglich zu backen verstanden. Während ich zuhöre, genieße ich den köstlichen Kuchen, den Frau Krug heute, fast 70jährig, immer noch selbst bäckt.

—❧ Königshud, um 1914 ☙—
Hier arbeitete der Großvater von Manfred Krug in einer Gießerei als Prokurist.

Ich erfahre viel über Brieg, die Stadt mit ihren Kirchen, Baudenkmälern, Parkanlagen, und vor allem über ihre stolze Vergangenheit. Besonders die Promenaden und die Parkanlagen hatten es dem kleinen Manfred Krug bei Besuchen angetan.

Manfred Krug konnte auch nicht genug Geschichten über den Großvater Felix hören, den Vater seiner Mutter, Kurt Felix Ernst Schlesier (1875–1958), der als Prokurist in Königshud in einer großen Metallfabrik arbeitete.

Manfred Krug besuchte seine Großeltern oft, seine Großmutter Elise Minna Schlesier (1884–1986) konnte sehr gut bakken. Den Kuchengeschmack habe er noch heute im Mund, meint Manfred Krug verschmitzt.

SCHLESISCHER MOHNKUCHEN NACH MANFRED KRUG

BODEN: 400 g Weizenmehl • 1 Päckchen Hefe
80 g Zucker • 1 Päckchen Vanillezucker
1 Prise Salz • 200 ml Milch (lauwarm) • 100 g Butter

MOHNBELAG: 250 g frisch gemahlener Mohn
1 Päckchen Vanillepuddingpulver • 50 g Grieß
200 g Zucker • ¾ l Milch • 100 g Rosinen
5 Tropfen Rumaroma • 2 Eier

☛ Für den Boden das mit der Hefe vermischte Mehl in eine Schüssel geben. Die übrigen Zutaten hinzufügen und mit den Händen verkneten, bis der Teig glatt und glänzend ist. Den Teig an einem Ort mit mäßiger Temperatur gehen lassen.
Stellt man die Teigschüssel an einen zu warmen Ort, geht der Teig zwar schneller auf, aber nach dem Backen ist der Boden dann fest und nicht so schön locker. Den Teig nochmals mit der Hand durchkneten und auf einem gefetteten Backblech ausrollen.
Für den Belag den Mohn mit kochendem Wasser übergießen und gut abtropfen lassen.
Das Puddingpulver mit Grieß und Zucker mischen und mit 4 EL kalter Milch vermischen. Die übrige Milch zum Kochen bringen und das Puddingpulver-Grieß-Zucker-Gemisch unter Rühren hineingeben. Den Mohn, die Rosinen und das Rumaroma dazugeben und vermischen. Die Masse halbieren und eine Hälfte auf den Teig streichen.
Die Eier trennen. Das Eigelb und die übrige Hälfte der Mohnmasse vermengen. Nun das Eiklar steif schlagen und ebenfalls unter die Mohnmasse heben. Die Ei-Mohnmasse vorsichtig auf dem bereits aufgestrichenen Belag verteilen.
Den Kuchen in die vorgeheizte Röhre schieben und 30 Minuten bei 180°C backen.
Den noch heißen Kuchen mit Staubzucker bestreuen.

Familie Krug: Großeltern, Eltern und Kinder, um 1935

DER SCHLESISCHE STREUSELKUCHEN
Aus der Erinnerung von Manfred Krug, Weida

Boden: 300 g Weizenmehl • 1 Päckchen Backpulver
150 g Quark • 100 ml Milch • 100 ml Öl (Rapsöl)
80 g Zucker • 1 Päckchen Vanillinzucker • 1 Prise Salz

Belag: 300 g Weizenmehl
150 g Zucker • 1 Päckchen Vanillinzucker
½ TL gemahlener Zimt • 200 g Butter

☛ Das Mehl mit dem Backpulver mischen und in eine große Schüssel geben. Die übrigen Zutaten hinzufügen und alles mit der Hand verkneten, bis der Teig nicht mehr klebt. Anschließend auf einem Arbeitsbrett aus Holz zu einer Rolle formen. Den Teig auf einem gefetteten Backblech ausrollen. Für die Streusel das Mehl in eine Schüssel sieben, alle anderen Zutaten hinzugeben und gut verkneten. Die Streusel auf dem Teig verteilen und den Kuchen an einem warmen Ort gehen lassen, bis sich der Kuchen sichtbar vergrößert hat. Dann den Kuchen in der vorgeheizten Röhre 20 Minuten bei 180°C backen.

Es gab viel Fisch aus der Oder und Manfred Krug sind die zarten Schleien besonders in Erinnerung geblieben, die Großmutter vorzüglich in einem Fond aus Weißwein und Wurzelwerk langsam auf dem großen Küchenherd garzog. Ein fein-würziger Geruch durchströmte dann die Küche, den Manfred Krug bis heute nicht vergessen hat.

Der Großvater bekam von einem Herrn aus der Nachbarschaft immer ganz frische, junge Schleien. Einmal brachte er zwei ganz große mit. Jede hatte über 4 Pfund und war fast einen halben Meter lang. Die Großmutter schimpfte ihren Mann aus, weil die großen Schleien, nicht so leicht verdaulich waren wie die jungen Schleien. Der Großvater brauchte dann immer nach dem Essen zu viel vom Magenbitter.

DIE ODERSCHLEIE IN WEISSWEINSOSSE
aus dem Gedächtnis erzählt

In einen großen Bräter kam viel geputztes und in Würfel geschnittenes Gemüse: Möhren, Zwiebel, Sellerie und Porree. Die Großmutter schwitzte die Gemüsestücke in guter Butter an und goß mit viel Weißwein auf.

Die Schleien wurden küchenfertig zurecht gemacht und gut abgewaschen. Sie wurden im Gemüse-Weißweinfond gegart und dann mit kleinen neuen Kartoffeln, mit viel gehackter Petersilie bestreut, serviert.

Den Fischfond zog die Großmutter immer mit viel guter Sahne und Eigelb ab. Die Kinder liebten diese immer noch nach dem Weißwein schmeckende Soße.

JÄGERNDORFER SCHMORHASE
MIT PREISELBEEREN

Manfred Krug erzählte mir, daß in Jägerndorf oft Hasenjagden stattfanden. Manchmal wurden 200 Hasen geschossen und so mancher Treiber bekam einen Hasen für zu Hause mit.

1 ganzer Hase • 100 g Speck
Salz zum Bestreuen • 150 g Butter • ¼ l saure Sahne
100 g Preiselbeerenkompott • 1 EL Weizenmehl

☛ Den Hasen in Stücke zerlegen. Man rechnet pro Person 2 bis 3 Stücke. Den Rücken und die Keulenstücke mit dem Speck spicken und mit Salz bestreuen. In der Butter rundherum schön braun anbraten. Danach eine gute Stunde und unter mehrmaligem Angießen von heißem Wasser bei offenem Bräterdeckel schmoren.
Eine viertel Stunde vor Ende der Garzeit kommt über die Hasenstücke ein Gemisch aus saurer Sahne, Preiselbeerenkompott und Weizenmehl. Dieses Gemisch sollte klümpchenfrei sein. Der Hase mit der Soße muß mindestens eine viertel Stunde bei geschlossenem Deckel garen. Die Hasenstücke herausnehmen und warm stellen, die Soße durch ein Sieb streichen.

— Ratibor —
Ring mit Mariensäule und Rathaus

Erinnerungen an Ratibor von Imelda Machowska

Vor einiger Zeit erhielt ich eine Postsendung aus Polen. Das Päckchen enthielt einen ausführlichen Brief von Imelda Machowska mit Erinnerungen an Ratibor und das Kochbuch ihrer Mutter.

Imelda Machowska schrieb:

„... Meine Mutter und ihre Familie stammen aus Bauerwitz, Leobschütz und Umgebung. Die Ursprünge meines Vaters und seiner Familie liegen in Rudgershagen (heute polnisch Rudziniec), Laband und Gleiwitz.

Mein Vater war Lokführer bei der Eisenbahn in Ratibor. Er wurde zweimal Witwer und starb selbst sehr jung, mit nur 38 Jahren.

Ich hatte fünf Halbbrüder, drei sind in dem unseligen Krieg geblieben. Ich war die jüngste der Geschwister und durfte die private Mittelschule der Ursulinerinnen besuchen. Mein Schulweg führte durch die Baumallee an der Evangelischen Stadtpfarrkirche (Siehe S. 88 Foto rechts). Leider hat man die im Krieg nur leicht beschädigte Kirche zu Beginn der „Polenzeit" einfach abgerissen und die Ziegelsteine zum Wiederaufbau nach Warschau geschafft ...

Wir haben bis 1961 in der Tropaner Straße gewohnt, im Stadtviertel Neugarten. Oft habe ich Glatz (heute polnisch Kłodzko) und Neisse (polnisch Nysa) besucht. Meine Enkelin hat viele Jahre dort gewohnt und ich war immer gern zu Gast

—❦ Ratibor, Bahnhof und Postamt   Ratibor, ev. Stadtpfarrkirche ❦—

bei ihr oder lieben Freunden. Jetzt ist sie nach Breslau umgezogen und mir fällt das Reisen langsam schwer, aber wir telefonieren oft miteinander.

Meine Mutter war eine sehr gute Köchin und so manches Gericht aus Ihrem „Schlesienkochbuch" (Familienrezepte aus Schlesien) kam auch bei uns auf den Tisch. Ich liebte besonders die süßen Speisen, z.B. Hefeklöße mit Blaubeerensoße (eingekochte Blaubeeren verdickt mit Kartoffelmehl oder Speisestärke und mit Zucker abgeschmeckt.)

Die Mohnklöße mit der Weihnachtssoße „Motschka" gab es nur am Heiligen Abend. Diese Weihnachtssoße wurde aus einer Brühe von Pastinaken und getrocknetem Obst wie Äpfeln, Birnen, Pflaumen oder Morellen hergestellt. Nach dem Kochen wird die Pastinake wieder entfernt. In diese Brühe kommen einfacher Lebkuchen, Rosinen, Nüsse und Mandeln. Sie wird mit einer leichten Buttereinbrenne angedickt und dann mit etwas saurer Sahne und Zucker abgeschmeckt.

Zu den Weihnachtsleckereien gehörten auch Nußkekse. Dafür vermischt man Butterkeksteig mit gemahlenen Nüssen, rollt den Teig dünn aus und sticht mit einem Wasserglas runde Kekse aus. Nach dem Backen (ca. 10–15 Minuten bei 180 Grad) kommt in die Mitte von zwei Keksen Pflaumenmus oder Marmelade. Zum Schluß werden die Kekse noch glasiert. Für die Glasur auf einen Topf mit kochendem Wasser eine Schüssel stellen. Dahinein Butter, Staubzucker und etwas frisch gebrühten Bohnenkaffee geben und unter Hitze rühren, bis es eine dickliche Masse ist. Dann werden die Kekse damit bestrichen und mit einer halbierten Haselnuß verziert.

Ich habe das Rezeptbuch von meiner Mutter beigelegt. Da können Sie alle Rezepte nachlesen."

GRÜNKERNSUPPE, RATIBOR 1930

1 kg Gemüse (Möhren, Kohlrabi, Porree) • 2 Zwiebeln
50 g Fett (Margarine oder Schmalz)
1 Würfel frische Hefe oder 1 Tütchen Instanthefe
1 kg Kartoffeln • Salz nach Geschmack
1 Bund Petersilie • 2 EL Schnittlauchröllchen

☛ Das fein geschnittene Gemüse im Fett mit den Zwiebelwürfelchen andünsten. Die Hefe hineinbröckeln oder Trockenhefe darüber streuen. Mit warmem Wasser angießen und das Gemüse weich kochen lassen.
Inzwischen die Kartoffeln schälen und klein würfeln. Die Kartoffelwürfel an das fast zerkochte Gemüse geben und weich kochen. Dann noch einmal abschmecken. Der Gemüsegeschmack darf nicht überdeckt werden.
Den fertigen Eintopf mit gehackter Petersilie und Schnittlauchröllchen bestreuen.

RATIBORER GEMÜSESCHNITZEL, 1935

300 g Möhren • 300 g Kohlrabi • 300 g Bohnen • 200 g Erbsen
500 g Kartoffeln • 1 Würfel frische Hefe
2 EL Küchenkräuter (Petersilie, Dill, Schnittlauch)
1 Ei • weißer Pfeffer, Salz • 1 EL Paniermehl
1 TL Weizenmehl • Fett zum Braten

☛ Das Gemüse putzen, in kleine Stücke schneiden und in Salzwasser weich kochen. Durch die flotte Lotte drehen und pürieren. Die geschälten Kartoffeln kochen und ebenfalls durchpressen. Die Masse vermischen und Hefe dazubröckeln. Dann mit aufgeschlagenem Ei und den fein geschnittenen Kräutern vermengen und mit Salz und Pfeffer abschmecken. Aus der Masse kleine Buletten formen. Weizen- und Paniermehl vermischen und darin die Gemüsebuletten wälzen und im heißen Fett braun braten.

DER SCHLESISCHE MÖHRENKUCHEN

50 g Margarine • 125 g Zucker • 500 g Möhren
1 Päckchen Vanillezucker • 4 Spritzer Zitrone
etwas Salz • 250 g Weizenmehl
1 Päckchen Backpulver • 5 EL Milch

☛ Die Margarine geschmeidig rühren, vom Zucker 1 EL voll dazugeben. Die Möhren schälen und fein reiben und mit Vanillezucker, Zitrone, Salz und Mehl-Backpulver-Gemisch zur Margarine geben. Alles mit der Hand gut kneten und nach und nach die Milch zufügen. Eine Kastenform fetten und den zähen klebrigen Teig hineinfüllen. Bei 150° C ca. 60 Minuten backen. Den Kuchen stürzen, mit dem restlichen Zucker bestreuen und nach dem Erkalten in feuchtes Pergamentpapier hüllen. Das hält den Kuchen lange frisch.

TIP: Besonders gut schmeckt der Möhrenkuchen, wenn er noch heiß mit Honig bestrichen wird.

— Emma Franke, 1920 —

Die Hauswirtschaftslehrerin Emma Franke aus Gleiwitz

In einem großen, altertümlichen Pappkoffer bewahrt die nun selbst über 80jährige Henriette Franke die Hinterlassenschaften ihrer 1988 verstorbenen Großtante Emma (1900–1988) auf.

Emma Franke wird als einzige Tochter des Hüttenmeisters August Franke und seiner Frau Hermine Franke, geb. Schmidt, am 12. Mai 1900 in Gleiwitz geboren. 1905 folgt der Bruder Wilhelm Franke, der Großvater von Henriette Franke.

Der Hüttenmeister Franke übernahm das kleine Haus seiner Schwiegereltern um 1900, nach dem Tod seines Schwiegervaters. Am Tage arbeitete er in den Hallen der riesigen Fabrik Obereisen und nach Feierabend bestellte er die kleinen Felder am Ufer des Klodnitzkanales, der Verbindungswasserstraße zwischen der Oder und Gleiwitz.

Bereits 1915 starb Hermine Franke und die Tochter Emma übernahm nun für ihren 10jährigen Bruder Wilhelm und für

⇢❧ Hermine Franke (r.) mit dem kleinen Wilhelm und Tochter Emma, Februar 1907 ☙⇠
Das größere Mädchen daneben heißt Erna Zettritz und wohnte in der Nachbarschaft.
Erna Zettritz sollte im Leben von Emma Franke noch eine große Rolle spielen.

den Haushalt die mütterlichen Pflichten. 1920 kam der Vater bei einem Betriebseisenbahnunglück nahe Gleiwitz ums Leben. Der kleine Hof mit den beiden Feldern wurde versteigert. Bettelarm standen die beiden Franke-Kinder da.

In dieser schweren Zeit half Erna Zettritz. Sie arbeitete als Hausmädchen in der Villa des Großindustriellen Hegenscheidt. Dieser war für seine soziale Einstellung in Gleiwitz bekannt. Emma bekam die Möglichkeit, bei der Herrschaftsköchin Wilhelmine Gutknecht das Kochen zu erlernen. Der sehr begabte fünfzehnjährige Wilhelm Franke konnte sogar eine höhere Schule in Gleiwitz besuchen. Gemeinsam wohnten die Franke-Kinder und Wilhelmine Gutknecht in einem Häuschen hinter der Herrschaftsvilla.

Emma Franke besuchte die höhere Hauswirtschaftsschule in Gleiwitz und schloß ihre Ausbildung im Alter von 24 Jahren mit dem Prädikat „Ausgezeichnet" ab. Groß war ihre Freude, als die Schulleitung ihr anbot, selbst an dieser Schule die Anfängerinnen zu unterrichten. Bis 1932 arbeitete sie als Lehrerin an der Ersten Hauswirtschaftsschule in Gleiwitz.

Ihr Bruder Wilhelm studierte in Breslau Maschinenbau und gründete selbst eine Familie. Er lernte 1926 die Maschinenbauzeichnerin Hilde Sonnenschein kennen und heiratete bald darauf. 1927 wurde Sohn Egon geboren.

Nach dem Ausbruch des Zweiten Weltkrieges erhielt der Ingenieur Wilhelm Franke einen Arbeitsplatz im Heeresersatzamt in München und die ganze Familie siedelte nach Dillingen über. Wilhelm Franke kaufte hier ein Häuschen und zog mit seiner Familie und seiner Schwester Emma hierher um. So arbeitete Emma Franke in einer Schule des BDM (Bund Deutscher Mädchen) und lehrte die heranwachsenden Mädchen Kochen und Kinderpflege.

Die typische schlesische Küche begleitete sie auch in dieser Zeit und so schien es nahe liegend, daß sie selbst ein Schlesisches Kochbuch veröffentlichen wollte. Der Krieg ließ für solche Vorhaben jedoch keinen Raum.

1944 kam Emma Frankes Lebensgefährte Herbert Rüger im Krieg ums Leben.

Henriette Franke erinnert sich noch, wie der stille und ernste Mann bei jedem seiner Heimaturlaube die Textentwürfe seines lieben „Emmchens", wie er sie immer nannte, genau durchlas. Er war ebenfalls Koch und in einem der größten Breslauer Hotels angestellt. Genau wie seine Liebste war auch er gebürtiger Schlesier. Zu Hause sprach man nur im schlesischen Dialekt.

Gleiwitz im Sommer 1930
Herrschaftsköchin Wilhelmine Gutknecht (l.) und die Kindheitsfreundin von Emma Franke, Erna Zettritz, bei einem Spaziergang nahe der Villa Hegenscheidt

Emma Franke nahm 1946 eine Stelle in einem Ulmer Krankenhaus an und arbeitete in der Küchenverwaltung. Bis zur Pensionierung 1965 war sie mehreren Küchenchefs eine unersetzliche Hilfe. Sie kümmerte sich hauptsächlich um die aufwendige Buchführung. An manchem Wochenende half sie auch in der Hauptkrankenhausküche aus und kochte (zum Erstaunen der jungen Fachkollegen) auf ihre schlesische Küchenart. Hochbetagt starb sie 1988.

ZEITGEMÄSSE REZEPTE DER SCHLESISCHEN KÜCHE – 1930
(Auszüge aus dem unveröffentlichten Originalmanuskript von Emma Franke)

NEUES UND SPARSAMES FÜR JEDE TAGESZEIT

Kartoffelmehl aus Kartoffelschalen

(Tante Emma stellte auch noch lange Zeit nach dem Krieg ihr Kartoffelmehl nach dieser Rezeptur selbst her.)

1 kg Kartoffelschalen ergeben 50 g reines Kartoffelmehl.

☛ Kartoffelschalen durch die feine Scheibe des Fleischwolfes drehen. Die Masse in ein Sieb geben und dieses dann wiederum in einen tiefen Topf hängen. Man beachte, daß dieses Sieb nur zur Hälfte gefüllt ist.
Solange Wasser darüber gießen, bis das Wasser unten im Topf klar ist. Man sollte die Masse immer wieder umrühren und auspressen. Die weiße Kartoffelstärke setzt sich im Topf unten ab. Nach etwa einer viertel Stunde wird das Wasser abgegossen und die Stärke mit den Händen etwas zerrieben und auf Papier getrocknet. Das weiße Pulver in einem Glas aufbewahren.

Zum Frühstück: Schlesische Molkesuppe

☛ 1 Liter Molke wird mit ½ Liter Wasser vermischt und eine Stunde stehen gelassen. Man rührt in etwas kaltem Wasser 50 Gramm Weizenmehl an und gibt es in die kalte Molke. Die Molke wird dann langsam erhitzt und kann anschließend noch 10 Minuten am Herdrand ausquellen. Mit Salz und gemahlenem Kümmel abschmecken.
Dann röstet man in etwas guter Butter Weißbrotwürfel an und gibt diese vor dem Servieren in die warme Suppe.

In vielen mir zugesandten handgeschriebenen Familien-Haushaltskochbüchern fand ich ähnliche Zubereitungen. Viele dieser Suppen werden als Wöchnerinnensuppen bezeichnet. Bevorzugt wurde diese Suppe bei Krankheiten, in der Schwangerschaft oder im Wochenbett gekocht.

SCHLESISCHER KARTOFFELAUFLAUF
(nach Wilhelmine Gutknecht, Gleiwitz um 1925)

1 kg Pellkartoffeln • 2 Zwiebeln • 100 g Schinkenspeck
200 g Edamer oder Harzer Käse • 4 Eier
¼ l Milch • Salz und Kümmel
Butter zum Ausstreichen der Auflaufform
1 Bund Schnittlauch

☞ Kartoffeln kochen und pellen. Nach dem Erkalten in dünne Scheiben schneiden. Zwiebeln schälen, in kleine Würfelchen schneiden und in dem fein würflig geschnittenen Schinkenspeck anrösten. Käse in dünne Blättchen schneiden. Die Eier aufschlagen, gut durchschlagen und in die kalte Milch einquirlen. In dieses Gemisch Salz und Kümmel geben.
Beim Abschmecken sollte man das Gefühl haben, daß die Mischung etwas zu stark gewürzt ist.
Eine Auflaufform leicht buttern und Schicht für Schicht Kartoffelscheiben, Schinken-Zwiebelmasse und Käse hineinlegen. Die letzte Schicht sollte Käse sein.
Über die Kartoffelschichten die stark gewürzte Eier-Milch-Mischung gießen. Mit den Händen die Masse ruhig noch niederdrücken, so daß die Milch bis zum Rand stehen kann. Den Auflauf bei Mittelhitze (150° C) eine halbe Stunde backen lassen. Kurz vor dem Servieren den frisch geschnittenen Schnittlauch darüber streuen.

Im Hause Hegenscheidt wurde zu diesem Kartoffelauflauf eine einfache Kräutersoße gereicht. Wilhelmine Gutknecht sammelte frische Gartenkräuter, hackte sie und gab sie kurz vor dem Servieren in eine weiße Grundsoße (Butter, Mehl und Brühe zu einer sämigen Soße verkocht).

LEBERKNÖDEL
(nach Wilhelmine Gutknecht, Gleiwitz um 1922)

4 EL Dinkel-Schrot (muß einen Abend vorher
in Wasser eingeweicht werden, gut ausdrücken)
3 Scheiben Schwarzbrot • 1 Kaffeetasse Wasser
100 g Leberwurst • 3 TL Weizenmehl
Salz und Pfeffer nach Geschmack

☞ Den am Vorabend eingeweichten und gut ausgepreßten Dinkelschrot am Kochtag mit den Brotwürfeln nochmals einweichen. Nach einer Stunde die Wurst, das Weizenmehl und die Gewürze dazugeben und alles gut durchkneten, kleine Klöße formen und diese in Salzwasser gar ziehen. (Die Klößchen dürfen nicht kochen und müssen vor dem Verzehr eine viertel Stunde im heißen Wasser oben schwimmen.)
Dazu gab es eine Kapernsoße und Petersilienkartoffeln.

KOCHKÄSE NACH EMMA FRANKE
Gleiwitz 1934

¼ l Milch • Salz und Kümmel nach Geschmack
1 TL Öl • 2 EL Grieß • 250 g Quark
1 TL Natron

☞ Milch mit Gewürzen und Öl aufkochen, Quark und Grieß zugeben und gut verrühren. Natron zufügen, nochmals aufkochen, bis die Masse gelblich aussieht. In eine Schüssel geben, handwarm werden lassen und in runde Käse formen. Bis zum Verzehr kühl lagern.

—❦ Heinrich Triebig, um 1920 ❦—

Der „Schlesier" – Küchenchef Heinrich Triebig aus Breslau

Kurz nach dem Erscheinen der „Familienrezepte aus Schlesien" im Jahre 2003 meldete sich Familie Rosner aus Bad Nauheim ganz aufgeregt bei mir. Frau Rosner berichtete, daß auf ihrem Dachboden eine große Holzkiste mit Material von einem von 1920 bis 1940 sehr bekannten Bad Nauheimer Küchenchef stehen würde. Von diesem Herrn, den man überall nur den „Schlesier" nannte, weil er seinen Dialekt ganz bewußt pflegte, habe sie noch viel persönliches Material. Neugierig geworden, unterhielten wir uns lange und ich besuchte Familie Rosner in Bad Nauheim. Tatsächlich entpuppte sich der „Dachbodenfund" als eine Ansammlung von Raritäten für den Kochinteressierten. Auch zu den noch in Bad Nauheim ansässigen Verwandten von Heinrich Triebig fuhr ich und konnte bei meinem Besuch so manches über den Großonkel Heini, wie er genannt wurde, erfahren.

—❧ Originalfoto aus dem Tagebuch, um 1908 in der Breslauer Ernststraße ☙—
Der Lehrling Heinrich Triebig im dritten Lehrjahr auf dem Weg nach Hause.
Unterm Arm trägt er seine Handwerkzeugtasche mit seinen persönlichen Messern,
alle von der Firma Robert Kunde, Dresden. (Die Messer befanden
sich zum Teil in der großen Kiste, die ich – der Autor – besichtigen konnte.)

Heinrich Triebig erblickte am 11. Oktober 1891 in Breslau als vierter Junge des Stadtaufsehers August Triebig und seiner Frau Käthe, geb. Borsig, das Licht der Welt. Er besuchte in Breslau die Schule und lernte im Breslauer Ratskeller die ersten Grundlagen der Kochkunst.

In seinem Tagebuch, welches er vom ersten Tag der Ausbildung an führte, berichtet er, daß im Breslauer Ratskeller die Berufsanfänger, nicht wie üblich, nur Hilfsarbeiten machen mußten. Zwar stand Heinrich am Anfang seiner Lehrzeit ebenfalls an der Topfspüle und mußte das Tafelsilber putzen. Gleichzeitig durfte er aber den großen Kohleherd beaufsichtigen und hatte dafür zu sorgen, daß während des Hauptmittagsgeschäftes eine gleichmäßig starke Hitze im Herd vorhielt. Er mußte regelmäßig Kohlen nachlegen und die

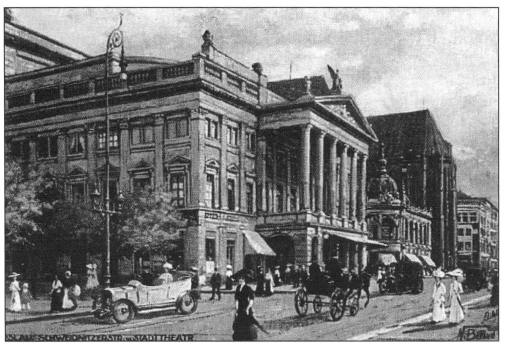

— Historische Ansichtskarte, Liegnitz um 1913 —

Herdplatten mit Essig und Scheuerpulver putzen.

1912 ging der Jungkoch zum Leidwesen seiner Eltern in die prosperierende Reichshauptstadt Berlin. Dort nahm er sehr interessiert, mit offenen Augen und Ohren alles auf, was ihn fachlich voranbringen konnte.

Den Übergang zum Jahr 1913 erlebte Heinrich Triebig schon wieder in Schlesien. Der Trubel in der Großstadt Berlin und eine unglückliche Liebe zu einer Balletttänzerin ließen den jungen Mann nicht zur Ruhe kommen. Selbst eine Anstellung im damaligen Kempinski-Hotel konnte ihn nicht mehr in Berlin halten.

In einer deutschen Gaststättenfachzeitung las er, daß man in Liegnitz einen hoffnungsvollen jungen Koch suche, der sich auf vegetarische Gerichte spezialisiert habe. Da seine Freundin, die Balletttänzerin, Vegetarierin gewesen war, kannte er sich mit dieser Art der Küche bestens aus.

Der Erste Weltkrieg brach aus. Glücklicherweise wurde der junge Triebig nicht einberufen, denn er arbeitete als Mietkoch an der königlichen Ritterakademie zu Liegnitz und war unabkömmlich. Sein

Chef unterhielt die besten Verbindungen zur Musterungsstelle. Man befand Heinrich Triebig für kriegsdienstuntauglich, denn er war auf einmal halb blind.

Seinen Blick fürs schöne Geschlecht allerdings trübte das nicht. Auch Irmgard Naubert, Lehrerin am städtischen Lyzeum in Liegnitz, fand Gefallen an dem nun bereits zum Küchenchef in der Regina-Palmenhain-Gaststätte aufgestiegenen Heinrich Triebig. 1921 wurde geheiratet und als die Großeltern in Bad Nauheim 1925 kurz hintereinander starben, erbte ihre einzige Enkelin ein villenartiges Mehrfamilienhaus in der Homburger Straße. Die Ehe soll glücklich gewesen sein.

Der Küchenmeister Triebig war zu dieser Zeit schon ein weithin bekannter Fachmann für fleischlose Küche und man überhäufte ihn mit Arbeitsangeboten in Bad Nauheim. Bis 1937 arbeitete er im Kurhaus Carlton und dann bis 1944 im Auguste-Victoria-Hotel. Von ihm war bekannt, daß er auch im größten Küchentrubel die Ruhe behielt.

Im Februar 1945 verstarb Heinrich Triebig an den Folgen einer Lungenentzündung. Irmgard und Heinrich Triebig hatten selbst leider keine Kinder und das Haus in der Homburger Straße fiel an die Kinder von Irmgards Bruder. Diese verkauften dann 1953 nach Irmgards Tod das Haus an die Eltern von Herrn Rosner.

1960 deckte ein starker Sturm Teile des Daches ab. Der Dachstuhl wurde komplett

Tischkarte
aus dem Auguste-Victoria-Hotel,
Bad-Nauheim, 1916.
Heinrich Triebig regte sich in seinem
Tagebuch darüber auf, daß
er diese schon mehrere Jahre alten
Tischkarten verwenden mußte.

erneuert. Bei diesen Arbeiten entdeckten die Dachdecker die Kiste, die Heinrich Triebig 1944 hinter einer Holzverkleidung im Boden versteckt hatte. So wurde plötzlich ein Lebensschicksal wieder lebendig, dessen Spuren bis dahin weitgehend verschwunden schienen.

DER SAUERKRAUTEINTOPF
Schlesische Sauerkrautspezialität

500 g Kartoffeln • 2 Zwiebeln • 250 g Möhren
250 g Sellerie • 2 EL Öl • 2 EL Tomatenmark
1 Messerspitze Kümmel, gemahlen
Salz und Pfeffer nach Geschmack
1/4 l Gemüsebrühe (auch Instantbrühe)
500 g Sauerkraut, frisch und fein gewiegt
saure Sahne

☛ Kartoffeln, Zwiebeln, Möhren und Sellerie putzen und fein würfeln. In einem hohen Topf das Öl erhitzen. Dann das fein gewürfelte Gemüse und die Kartoffelstücke hineingeben, anschwitzen, das Tomatenmark und alle Gewürze dazugeben und anschließend mit der Gemüsebrühe aufgießen. Eine viertel Stunde gut durchköcheln und das Sauerkraut hinzufügen. Nochmals eine viertel Stunde köcheln.
Serviert wird diese köstliche Suppe mit einem Klecks saurer Sahne.

SCHLESISCHER SAUERKRAUTAUFLAUF

1 kg Kartoffeln • 1/4 l Milch • 3 Prisen Salz • 1 Messerspitze Majoran
1 TL Petersilie, gehackt • 1 TL Dill, fein geschnitten
1 TL Schnittlauch, fein geschnitten
1 große Zwiebel • 40 g Butter • 2 TL Semmelmehl
500 g Sauerkraut, fein gehackt • 4 gehäufte EL würziger Reibekäse

☛ Die Kartoffeln in der Schale kochen, dann pellen, in die Kartoffelpresse geben und zerdrücken. Zur Kartoffelmasse die Milch, alle Gewürze, die feingehackte große Zwiebel und die Kräuter geben.
In einer feuerfesten Form die Hälfte der Butter verteilen, mit der Hälfte Semmelmehl ausstreuen. Die eine Hälfte der Kartoffelmasse hineingeben und mit Sauerkraut bedecken. Dann die übrige Hälfte der Kartoffelmasse aufstreichen. Darüber den Rest Semmelmehl und den Reibekäse verteilen.

Butterflöckchen obenauf setzen und den Auflauf eine halbe Stunde in der Röhre bei Mittelhitze backen (150 Grad).

Sauerkraut-Rezepte finden sich übrigens in vielen schlesischen Familienkochbüchern, die Vielfalt von Speisen auf Sauerkrautbasis ist erstaunlich.

SCHLESISCHE VEGETARISCHE SÜLZE
für vier Personen
- Originaltext -

250 g gekochte, grüne Erbsen, 1 Blumenkohl, gekocht und klein geschnitten, 250 g gedünstete, abgetropfte Pilze, 250 g gekochte Karotten werden kleinwürflig geschnitten und mit 500 g ebenso geschnittenen Salzgurken, 5 hart gekochten Eiern und 5 mittelgroßen Tomaten gemischt. Jetzt hole man 10 g Gelatine (besser ist aber Agar-Agar*, gibt es im Reformhaus).
Die Gelatine wird im kalten Wasser eingeweicht und ausgedrückt und in einem kleinen Topf leicht erhitzt. Nicht zu stark, sonst verliert sich die Bindung der Gelatine.
Jetzt erwärmt man einen Liter Gemüsebrühe und rühre die nun flüssige, dickflüssige Gelatine in die warme Gemüsebrühe ein. Man nehme eine Kuchenkastenform und spüle diese mit kaltem Wasser aus. Dann kommen die Zutaten in die Form und man gieße die Gemüsebrühe darüber. Ein paar Stunden wird alles kalt gestellt und dann gestürzt.
Dazu reiche man eine Remouladensoße, die aus Mayonnaise, geraspelten Äpfeln, Delikateßgurken und gekochten, fein gewiegten Möhren besteht. Dazu gibt es Bratkartoffeln.

* Zur Handhabung von Agar-Agar: 10 g Agar-Agar schneidet man recht fein, wäscht es schnell kalt ab, drückt es aus und kocht es mit einem Liter Gemüsebrühe 5 Minuten auf. Dann wird es weiterverarbeitet.

—☙ Elisabeth Georg, geb. Märtner, und Arthur Georg, um 1930 ☙—

Die Kreischauer Familienküche

Bereits seit etlichen Jahren bin ich mit Michael Georg bekannt. Als der erste Band zur schlesischen Familienküche erschien, sprach er mich an und erzählte mir, daß seine Vorfahren auch schlesischer Herkunft seien und er noch rege Beziehungen nach Schlesien pflege.

So besuchte ich Michael Georg in seinem Einfamilienhaus nahe Gera und erfuhr die Geschichte seiner Großeltern und Eltern. Oft besucht er die Heimat seiner Vorfahren, das Dorf Kreischau, und schwärmt vom Büffelgrasschnaps und den Menschen, die heute dort leben.

—❧ Historische Ansichtskarte aus Kreischau ❧—

Kreischau (heute polnisch Krzyzowo) war vormals ein kleines Bauerndorf mit 350 Einwohnern. Es liegt ganz in der Nähe der Stadt Steinau und gehört zum Regierungsbezirk Breslau. Den Ort Kreischau gibt es schon seit dem Mittelalter.

Auf den Feldern wurde Getreide nach dem Prinzip der Dreifelderwirtschaft angebaut. Das brachte höhere Erträge. Bereits 1150 errichteten Benediktinermönche unweit von Kreischau ein Kloster. Kreischau wurde im 30jährigen Krieg zerstört und von den Kaiserlichen Soldaten ausgeplündert. Anschließend befand es sich lange unter preußischer Herrschaft. Der letzte herrschaftliche Besitzer des Gutes Kreischau war der Graf von Schweinitz und Krain, Freiherr von Kauder.

1866 wüteten in Kreischau die Pest und Cholera. Viele Menschen starben. Hinzu kamen andere Katastrophen wie starke Regenfälle, Überschwemmungen der Oder, Dürreperioden und Heuschreckenschwärme, die Hungersnöte verursachten.

Im Jahr 1928 war der Winter extrem hart, es erfroren Menschen, Vieh und Obstbäume.

In und um Kreischau bauten viele Bauern wegen des günstigen Klimas Gemüse an, vor allem Gurken, Möhren und Zwie-

Arthur Georg beim Pferdebeschlagen
Kreischau 1930

Arthur Georg (3.v.l.) vor der Schmiede
Kreischau

beln. Die Dreifelderwirtschaft (Winterfeld, Sommerfeld und Brache) erlaubte den Anbau von Hafer, Gerste und Roggen. Zudem wurden von den Bauern Milchkühe und Schweine zur Selbstversorgung gehalten. Das hauseigene Schlachtfest war immer ein Höhepunkt. Was über den Eigenbedarf hinaus erzeugt wurde, war gut in den nahen Fabriken zu verkaufen. In Steinau arbeiteten viele Menschen in der Konservenfabrik, der Zuckerfabrik, in den zahlreichen kleinen Metallfabriken oder in der Molkerei.

Arthur Georg, der Großvater meines Gesprächspartners, arbeitete in Kreischau als Schmied und verwaltete darüber hinaus die kleine Poststelle des Dorfes. Nebenbei betrieb er noch eine kleine Landwirtschaft. Arthur Georg heiratete 1930 die Kreischauerin Elisabeth Märtner. Sie bekamen vier Kinder: Ursula (geb. 1931), Ruth (geb. 1935, die Mutter meines Gesprächspartners), Siegfried (geb. 1941) und Gerd (geb. 1944).

Im Jahr 1939 übernahm Arthur Georg die Schmiede seines Vaters. Seit den Kriegswirren 1945 gilt Arthur Georg als verschollen.

Familie Georg flüchtete am Kriegsende mit anderen Dorfbewohnern aus Krei-

Die Familie von Elisabeth Georg, geb. Märtner, vor ihrem Haus

schau ins Egerland und von dort ins Thüringische. Heute lebt die Familie in Gera und in Ostthüringen.

Aus Michael Georgs Erzählungen wird der Dorfalltag in Kreischau lebendig. Da gab es zum Beispiel eine Koch- und Backfrau, die bei allen beliebte Berta Bartsch, eine Witwe. Sie kochte und backte für die Bauern, für Hochzeiten und andere Gelegenheiten. Sie siedelte ebenfalls über das Egerland in die Umgebung von Gera über.

Zudem gab es den Lehrer Paul Stark, er war bei allen beliebt. Er leitete später einen Transport ins Egerland, kehrte aber wieder in seine Heimat zurück.

Das Rittergut, welches dem Grafen von Schweinitz und Krain gehörte, verwaltete zuletzt Erich Kabisch. Das Schloß und die Gutsgebäude wurden zerstört, die Reste später vom polnischen Staat verwertet und die Felder weiter bewirtschaftet.

Ruth und Ursula Georg, Kreischau 1938

Schlesische Hausküche nach Erzählungen von Michael Georg

Die Mutter war eine ausgezeichnete Köchin. An die Zubereitung bestimmter Gerichte erinnert sich Michael Georg noch sehr lebhaft. Der vorzügliche Geschmack ist ihm gegenwärtig geblieben.

SCHLESISCHE HÄCKERLE – BROTAUFSTRICH

☞ Fünf gewässerte Heringe enthäuten, Kopf und Gräten entfernen und klein schneiden. Durchwachsenen Speck und eine große Zwiebel fein würfeln, herzhaft anbraten und unter den Hering mischen.
Das Gemisch durch die feine Fleischwolfscheibe drehen und mit 2 EL feingehackten Küchenkräutern wie Petersilie, Dill und Schnittlauch vermengen.

—❧ Arthur Georg (rechts) auf Fronturlaub, Kreischau Sommer 1944 ❧—

PFLAUMENMUS NACH KREISCHAUER ART

☞ Mehrere Körbe fast überreifer Pflaumen (ca. 20 bis 30 kg) waschen und entsteinen. Die Masse langsam in einem großen emaillierten Topf über mehrere Stunden kochen und mit einem Holzlöffel umrühren.
Da die Masse sehr langsam eindickt, muß sie über mehrere Stunden, oft von früh bis zum späten Nachmittag, langsam köcheln.
Das fertige Pflaumenmus in Tontöpfe füllen und kurz in die heiße Ofenröhre stellen. Im heißen Ofen verkrustet die oberste Schicht und sorgt für eine längere Haltbarkeit des leckeren Brotaufstriches.

KREISCHAUER KÜRBISSUPPE

☛ Einen Kürbis (ca. 2 bis 3 kg schwer, fast überreif) abwaschen, schälen, Kerngehäuse entfernen. Das Fruchtfleisch in kleine Stücke schneiden, in einen Topf geben und mit soviel Wasser auffüllen, daß alles bedeckt ist. Wenn der Kürbis gar gekocht ist, mit ½ l Milch aufgießen und solange köcheln, bis alles eindickt. Mit Salz und Zucker abschmecken.
Die Suppe sollte pikant schmecken und der zarte Kürbisgeschmack nicht durch Zucker verdeckt werden.

SAURE EIER IN BRAUNER SOSSE

4 Lorbeerblätter • 2 mittlere Zwiebeln
8 Pimentkörner • 4 Pfefferkörner • 2 EL Weinessig • 2 Prisen Salz
Eiermenge nach Personenanzahl (pro Person rechnet man je 2 Eier)
50 g Butter • 3 EL Weizenmehl

☛ In einem großen, flachen Topf 2 Liter Wasser mit den Gewürzen und Salz erhitzen. Nachdem alles aufgekocht ist, schlägt man in das siedende Wasser nach und nach alle Eier hinein. Das Eiklar stockt und umhüllt das Eigelb.
Langsam die Eier im siedenden, würzigen Wasser gar ziehen lassen.
Sind die Eier fertig, die Butter in einer Kasserolle braun werden lassen. Das Weizenmehl zufügen, Butter und Mehl miteinander vermischen. Die Mehlschwitze in das leicht siedende Wasser geben. Unter weiterem Köcheln bindet die Soße leicht.
Zu den sauren Eiern in brauner Soße gibt es Salzkartoffeln.

KREISCHAUER HEFEKLÖSSE

300 g Weizenmehl • Milch
1 Würfel frische Hefe (oder 1 Tütchen Instanthefe)

Pro Kloß rechnet man 20 g Weizenmehl und pro Person rechnet man drei bis vier Klöße.

☛ Das Mehl in eine Schüssel geben. In die mit der Hand eingedrückte Vertiefung kommt die in etwas warmer Milch angerührte Hefe. Alles zu einem geschmeidigen Teig verkneten. Der Teig sollte ungefähr eine halbe Stunde gehen. Anschließend die Klöße mit bemehlten Händen formen und auf ein Brett legen. Mit einem Tuch die Klöße bedecken und das Kloßbrett für eine halbe Stunde an einen warmen Ort stellen.
Auf dem Herd einen großen Topf mit Wasser zum Kochen bringen. Über dem kochenden Wasser ein Tuch spannen. Auf dieses Tuch die Klöße legen und über dem Wasserdampf garen.
Die glänzende Oberfläche der Klöße zeigt an, daß sie verzehrfertig sind.
Zu den Hefeklößen gibt es leicht mit Kartoffelmehl angedickte Heidelbeeren, die heiß serviert werden, oder auch nur zerlassene, braune Butter.

KREISCHAUER MOHNKLÖSSE

☛ Man schneide 1 Weißbrot in 1 cm dicke Scheiben. Die Brotscheiben mit gequetschtem Mohn und Zucker in eine Glasschüssel schichten und mit kochender Milch überbrühen. Die Mohnklöße zwei Tage an einem kühlen Ort abgedeckt hinstellen und dann kalt verzehren.

Rezeptverzeichnis

Apfelkuchen,
    schlesischer 43
Birnensoufflé 44
Bouillonkartoffeln 21
Ebereschen-Bonbons 31
Ebereschengelee 30
Ebereschenmarmelade 30
Ebereschensaft 30
Ebereschensuppe
    mit Grießtürmchen 31
Ebereschentorte
    mit Birnen 32
Fliederblütenwein, Kohlers 37
Fliederdicksaft, Kohlers lila 39
Gelinge mit Kartoffelbrei 18
Gemüseschnitzel,
    Ratiborer, 1935 89
Grünkernsuppe,
    Ratibor 1930 89
Haferflocken-Beeren-
    Auflauf 14
Häckerle, schlesische 107
Hausmachernudeln
    von Elisabeth Frieben 60
Hefeklöße, Kreischauer 110
Hering, marinierter nach
    Altreichenauer Art 23
Holundersuppe
    mit Kartoffelstampf 13
Kartoffelauflauf
    schlesischer 95
Kartoffelmehl,
    selbstgemachtes 94

Kartoffelsalat
    nach Martha Krebs,
    schlesischer 71
Kartoffelsalat, schlesischer,
    Oma Minkas 49
Klöße mit Backobst,
    schlesische 18
Kochkäse,
    Gleiwitz 1934 96
Kürbissuppe, Kreischauer 109
Leberknödel nach
    Wilhelmine Gutknecht 96
Linsenrösti, schlesische 44
Meerrettichsoße
    nach Mutter Frieben 65
Mehlsuppe, Ludwigsdorfer 72
Mehlsuppe, schlesische 72
Mohnklöße, schlesische,
    Otto Exners 78
Mohnklöße, Kreischauer 110
Mohnkuchen, schlesischer 83
Mohnstriezel, schlesischer,
    Otto Exners 79
Möhrenkuchen,
    schlesischer 90
Molkesuppe, schlesische 94
Oderschleie
    in Weißweinsoße 85
Obsttorte, Neißgrunder 51
Pfefferkuchensoße,
    Otto Exners 77
Pflaumenkuchen,
    Neißgrunder 50

Pflaumenmus
    nach Kreischauer Art 108
Quarknocken auf
    Holunder-Honigsoße 65
Rinderschmorbraten
    nach Frieben-Art 63
Rindfleischbrühe 59
Sandkuchen,
    Ludwigsdorfer 70
Sauerkraut,
    selbstgemachtes 24
Sauerkraut von
    Elisabeth Frieben 61
Sauerkrautauflauf 101
Sauerkrauteintopf 101
Saure Eier
    in brauner Soße 109
Schlesisches Himmelreich 22
Schmorhase mit Preiselbeeren,
    Jägerndorfer 86
Schmorrotkohl
    von Elisabeth Frieben 61
Schweinebraten
    mit Dörrpflaumen
    nach Frieben 64
Sirupplätzchen 50
Streuselkuchen,
    schlesischer 84
Sülze, vegetarische 102
Waldhimbeerrolle
    auf Fliederschaum 38

Leihgeber der Fotos, Ansichtskarten und Dokumente

Familie August und Erna Bacher, Bad Honnef

Peggy Dinter, Hasselfelde im Harz

Henriette Franke, Augsburg

Erika Geßner, Gera

Michael Georg, Gera

Rita Grond, Cattenfeld

Familie Grünert, Magdeburg

Familie Siegfried Hermann Kohler, Köln

Martha Krebs, Hasselfelde im Harz

Manfred Krug, Weida

Familie Rosner, Bad Nauheim

Familie Rosi und Gotthard Schmidt, Dresden

Gerda Schneider, Senftenberg

Spezialantiquariat für religiöse Volkskunde
    Andreas Grundmann, Münster
    (Tel. 0251/663395,
    www.antiquariat-grundmann.de), Abb. S. 53

zahlreiche historische Ansichtskarten
    aus dem Archiv Thomas Ruck, Gera

Literatur

Dagmar von Mutius: Einladung in ein altes Haus.
    Geschichten von Vorgestern. Würzburg 1994
    (mit freundlicher Genehmigung des
    Bergstadtverlages Wilhelm Gottlieb Korn)

Max Hermann-Neisse: Heimatfern. Leipzig 1985

Noch mehr Familienrezepte aus Schlesien

128 Seiten, gebunden
ISBN 978-3-8094-2338-6

Harald Saul, Küchenmeister und Sammler von regionalen Rezepten, hat sich auf die Suche nach der alten schlesischen Küche gemacht. Aber er macht das nicht in staubigen Archiven, sondern bittet die Menschen um ihre alten Familienschätze: So erhält er handgeschriebene, über Generationen weitergegeben Kochbücher, die alten Fotoalben werden für ihn geöffnet und die Menschen erzählen ihm ihre hochinteressanten Geschichten.

Überall erhältlich, wo es Bücher gibt!

www.bassermann-verlag.de